Hacia una psicología social de la educación

SUSANA SEIDMANN
CLARILZA PRADO DE SOUSA
(ORGANIZADORAS)

Hacia una psicología social de la educación

teseo

uni Twin Fundação Carlos Chagas
CHHS-ed

Organización
de las Naciones Unidas
para la Educación,
la Ciencia y la Cultura

Cátedra UNESCO de
Profesionalización del Docente
Fundación Carlos Chagas
(São Paulo, Brasil)

UNIVERSIDAD DE
Belgrano
BUENOS AIRES - ARGENTINA

Estácio

PUC SP

Hacia una psicología social de la educación / coordinado por Susana Seidmann y Clarilza Prado de Sousa. - 1a ed. - Buenos Aires : Teseo, 2011.

238 p. ; 20x13 cm. - (Psicología y psicoanálisis)

ISBN 978-987-1354-89-4

1. Psicología de la Educación. 2. Metodología. I. Seidmann, Susana, coord. II. Prado de Sousa, Clarilza, coord.

CDD 370.15

Organización
de las Naciones Unidas
para la Educación,
la Ciencia y la Cultura

Cátedra UNESCO de
Profesionalización Docente
Fundación Carlos Chagas
(Sao Paulo, Brasil)

Fundação Carlos Chagas
CIERS-ed

UNIVERSIDAD DE
Belgrano
BUENOS AIRES - ARGENTINA

Estácio

PUC SP

teseo

© Editorial Teseo, 2011

Buenos Aires, Argentina

ISBN 978-987-1354-89-4

Editorial Teseo

Hecho el depósito que previene la ley 11.723

Para sugerencias o comentarios acerca del contenido de esta obra, escríbanos a: **info@editorialteseo.com**

www.editorialteseo.com

Índice

Autores

Alvarenga Mahoney, Abigail es Doctora por la Pontificia Universidad Católica de San Pablo (PUCSP); docente del Programa de Posgrado en Psicología de la Educación (PUCSP); integrante del Grupo de Investigaciones Bases de la Psicología en la Educación; organizadora (coautora) de recopilaciones sobre Henri Wallon, por ejemplo, *Psicología y educación.*

Alves-Mazzotti, Alda Judith es Doctora en Psicología de la Educación por la Universidad de Nueva York y Profesora Titular por la Universidad Federal de Río de Janeiro. Es investigadora nivel 1 del Consejo Nacional de Desarrollo Científico y Tecnológico e investigadora asociada al Centro Internacional de Estudios de Representaciones Sociales y Subjetividad de la Fundación Carlos Chagas. Actualmente coordina el Programa de Posgrado de la Universidad Estácio de Sá. Contacto: aldamazzotti@uol.com.br.

Castorina, José Antonio es Investigador Principal del CONICET. Profesor Consulto de la Facultad de Filosofía y Letras de la UBA. Director del Instituto de Investigaciones en Ciencias de la Educación de la UBA. Ha publicado sus trabajos en revistas nacionales e internacionales y colaborado en libros y capítulos de libros sobre las siguientes temáticas: problemas epistemológicos de la psicología del desarrollo y de la educación; relaciones entre la teoría del desarrollo y la teoría de las representaciones; psicogénesis de ideas sociales en los niños; problemas de epistemología genética. Ha sido profesor invitado en diversas universidades extranjeras para dictar conferencias y seminarios de doctorado. Contacto: ctono@fibertel.com.ar.

Claret Geraes Duran, Marília es graduada en Pedagogía por la Universidad de San Pablo (1976), Magíster en Educación (Psicología de la Educación) por la Pontificia Universidad Católica de San Pablo (1988) y Doctora en Educación (Psicología de la Educación) por la Pontificia Universidad Católica de San Pablo (1995). Actualmente es Profesora Titular de la Universidad Metodista de San Pablo, actuando como profesora permanente del Programa de Posgrado en Educación (maestría). Participó del proceso de acreditación del Curso de Maestría junto a CAPES, y coordinó el curso en el período 1999-2006. Posee experiencia en el área de Educación, con énfasis en formación de profesores, actuando principalmente en los siguientes temas: trabajo docente; memoria y biografías de formación; tiempos y espacios escolares. Coordina el Núcleo de Estudios e Investigaciones sobre Formación de Educadores, inscripto en el CNPq desde 1998 y asociado al Centro Internacional de Estudios en Representaciones Sociales y Subjetividad-Educación (CIERS-Ed / Fundação Carlos Chagas-*Maison de Sciences de l'Homme* de París), donde desarrolló práctica posdoctoral (2008-2009). Contacto: marilia.claret@terra.com.br.

Di Iorio, Jorgelina es Licenciada en Psicología y Doctoranda en Psicología por la Facultad de Psicología de la Universidad de Buenos Aires. Becaria de investigación en el CONICET y Jefa de Trabajos Prácticos Regular de la materia Psicología Social (Cátedra 1) en la Facultad de Psicología de la Universidad de Buenos Aires. Contacto: jorgelinadi_iorio@yahoo.com.ar.

Junqueira de Aguiar, Wanda Maria es Doctora por la Universidad Católica de San Pablo, del Programa de Posgrado en Psicología Social. Profesora Titular del Programa de Posgrado en Educación: Psicología de la Educación. Coordinadora del Proyecto PROCAD / CAPES (PUCSP, UNESA, UFAL). Tiene libros y artículos publicados en el área de la Psicología Educacional desde la perspectiva sociohistórica. Contacto: iajunqueira@uol.com.br.

Leme Ferreira Davis, Claudia se formó en la Universidad de Stanford, California. Realizó la Maestría en Psicología Experimental y es Doctora en Psicología del Escolar, obteniendo tales títulos en el Instituto de Psicología de la USP (San Pablo, Brasil). Enseña en la PUC-SP, en el Programa de Posgrado en Educación: Psicología de la Educación y en la Fundación Carlos Chagas, como investigadora del área de Educación. Tiene libros y artículos publicados en Psicología y en Educación.

Mazzotti, Tarso es Doctor en Educación (Universidad de San Pablo); Profesor Titular de Filosofía de la Educación en la Universidad Federal de Río de Janeiro; Profesor en la Maestría en Educación (Universidad Estácio de Sá, Río de Janeiro). Contacto: tarsomazzotti@uol.com.br.

Nigro de Souza Placco, Vera María es Doctora por la Pontificia Universidad Católica de San Pablo (PUC-SP). Coordinadora y docente del Programa de Estudios Posgraduados en Educación: Psicología de la Educación (PUC-SP). Integrante del Grupo de Investigación Procesos Psicosociales de la Formación de Educadores. Autora, organizadora y coautora de recopilaciones sobre formación de profesores, coordinación pedagógica y aprendizaje del adulto profesor, además de autora de diversos artículos

publicados en periódicos científicos calificados. Contacto:
veraplacco@pucsp.br.

Panicacci Bahia, Norinês posee graduación en
Pedagogía por la Pontificia Universidad Católica de San
Pablo (1981), Maestría en Educación (supervisión y cu-
rrícula) por la Pontificia Universidad Católica de San
Pablo (1995) y Doctorado en Educación (currícula) por
la Pontificia Universidad Católica de San Pablo (2002).
Es Profesora Titular de la Universidad Metodista de San
Pablo (UMESP). Actúa como docente investigadora del
Programa de Posgrado: Maestría en Educación (UMESP);
coordinadora y profesora de la carrera de Pedagogía a
distancia (UMESP); coordinadora del Grupo de Estudios e
Investigaciones sobre Educación a distancia de la UMESP
y participa del Grupo de Estudios e Investigaciones so-
bre Formación de Educadores (UMESP). Fue Profesora y
Miembro del Equipo Técnico del Ciclo Básico de la Red
Pública de Enseñanza del Estado de San Pablo. Se desem-
peña en la Enseñanza Superior desde hace catorce años.
Contacto: nbahia@terra.com.br.

Pintor Santiso Villas Bôas, Lúcia es investigadora
del Centro Internacional de Estudios en Representaciones
Sociales y Subjetividad-Educación (CIERS-Ed) del
Departamento de Investigaciones Educacionales de la
Fundación Carlos Chagas (San Pablo, Brasil). Doctora en
Educación, realizó una pasantía posdoctoral en *l'École des
Hautes Études en Sciences Sociales* (Francia) en el área de
representaciones sociales. Desarrolla investigaciones en el
área de la Educación, con énfasis en las representaciones
sociales. Contacto: lboas@fcc.org.br.

Prado de Sousa, Clarilza es investigadora y coordinadora del Centro Internacional de Estudios en Representaciones

Sociales y Subjetividad-Educación (CIERS-Ed) del Departamento de Investigaciones Educacionales de la Fundación Carlos Chagas (San Pablo, Brasil), Profesora Titular del Programa de Estudios de Posgrado en Educación: Psicología de la Educación de la Pontificia Universidad Católica de San Pablo (PUC-SP), Coordinadora del Área de Educación de la Coordinación de Perfeccionamiento del Personal de Nivel Superior (CAPES). Doctora en Educación, realizó una pasantía posdoctoral en *l'École des Hautes Études en Sciences Sociales* (Francia) en el área de representaciones sociales y en la Facultad de Educación / Universidad de Harvard (EUA) en el área de evaluación educacional con énfasis en evaluación institucional. Desarrolla investigaciones en el área de Educación, principalmente con el enfoque psicosocial de la Teoría de las Representaciones Sociales. Contacto: csousa@fcc.org.br.

Ramalho de Almeida, Laurinda es Doctora por la Pontificia Universidad Católica de San Pablo (PUCSP); docente del Programa de Posgrado en Psicología de la Educación (PUCSP); integrante de los Grupos de Investigaciones Bases de la Psicología en la Educación y Formación de Profesores; organizadora (coautora) de recopilaciones sobre Henri Wallon en *Psicología y educación* y *Coordinación pedagógica*. Contacto: laurinda@pucsp.br.

Seidmann, Susana es Doctora en Psicología. Profesora Titular Regular de Psicología Social (Cátedra I) en la Facultad de Psicología de la Universidad de Buenos Aires. Directora de la Maestría en Psicología Social Comunitaria (UBA). Decana de la Facultad de Humanidades de la Universidad de Belgrano. Directora del proyecto de investigación UBACyT P051, Programación Científica 2008-2010. Investigadora asociada del CIERS-Ed. Contacto: susiseidmann@yahoo.com.ar.

Thomé, Sandra es Licenciada en Pedagogía. Maestranda en Psicología Social Comunitaria en la Facultad de Psicología de la Universidad de Buenos Aires. Profesora Adjunta de Psicología Social (Cátedra I) en la Facultad de Psicología de la Universidad de Buenos Aires. Jefa de Trabajos Prácticos en la cátedra de Psicología Social de la Universidad de Belgrano. Contacto: sandrathome@yahoo.com.

Trevisan de Souza, Vera Lúcia es Doctora por la Pontificia Universidad Católica de San Pablo (PUC-SP), docente del Programa de Posgrado en Psicología de la Pontificia Universidad Católica de Campinas (PUCCamp); integrante del Grupo de Investigación Procesos de Constitución del Sujeto en Prácticas Educativas; organizadora en coautoría y autora de recopilaciones sobre Psicología, Educación, Formación de Profesores y Aprendizaje del Adulto Profesor, y de artículos en periódicos científicos calificados. Contacto: vera.trevisan@uol.com.br.

PRÓLOGO

En el verano de 2008, un grupo de investigadores sobre las problemáticas relativas a la educación se reunió en un *Seminario Internacional Argentina-Brasil*, cuyo tema expresaba una inquietud y una osadía a la vez: *La construcción de una psicología social de la educación*.

Dicho seminario, organizado por el *Programa de Investigaciones en Representaciones Sociales (PIRS) de la Facultad de Humanidades de la Universidad de Belgrano*, se registró en la memoria de cada participante por su alto nivel de compromiso ético-profesional y discusión teórica, y se plasmó en el proyecto de elaboración de este libro.

Los avatares de nuestras realidades socioeconómicas latinoamericanas retrasaron lo que hubiera sido una publicación casi posterior al término del seminario. Pero las utopías están y siguen generando la fuerza y la perseverancia que nutrió nuestros esfuerzos, y hoy se presentan en los ocho capítulos que componen esta edición.

Los diferentes autores no midieron esfuerzos para mantener vivo el entusiasmo generado por el encuentro, y su disponibilidad a una fluida comunicación en diferentes idiomas aportó dinamismo y enriquecimiento para un aprendizaje del manejo de los tiempos académicos y de equipos diversos, reunidos bajo un objetivo común de fructífero intercambio.

El entramado de los aportes de las diferentes líneas de pensamiento vigentes en cada capítulo nos permite seguir creyendo en la delimitación de un nuevo campo de conocimiento que nos conduzca *hacia la construcción de una psicología social de la educación.*

En el primer capítulo, Clarilza Prado de Sousa y Lúcia Pintor Santiso Villas Bôas presentan una introducción al tema desde la articulación de abordajes clásicamente separados a la comprensión psicológica que enfoca al sujeto y su experiencia vivida en contextos educacionales.

En el segundo capítulo, Susana Seidmann, Sandra Thomé y Jorgelina Di Iorio abordan el entrecruzamiento entre las representaciones sociales y la dialogicidad en el camino hacia la construcción del sujeto de la educación.

El planteo se va circunscribiendo a aspectos dinámicos más específicos del área de las representaciones sociales en el capítulo tres, a través del aporte de Tarso Mazzotti y Alda Judith Alves-Mazzotti, quienes encaran el análisis retórico en la investigación sobre representaciones sociales.

El cuarto capítulo cuenta con la colaboración de Vera Maria Nigro de Souza Placco y Vera Lucia Trevisan de Souza, quienes desarrollan el concepto de identidad como aporte a la comprensión de la constitución de la docencia.

Considerando aspectos específicos que entrelazan las representaciones sociales y los procesos de memoria y biografía, Marília Claret Geraes Duran y Norinês Panicacci Bahia desarrollan el quinto capítulo.

José Antonio Castorina compone el sexto capítulo en el que entrelaza las perspectivas de la Teoría de las Representaciones Sociales y la psicología genética.

En el séptimo capítulo, Abigail Alvarenga Mahoney y Laurinda Ramalho de Almeida aportan una mirada sobre la educación y el entorno social desde la perspectiva de la psicogénesis de Wallon.

El octavo capítulo corresponde a Claudia Davis y Wanda María Junqueira de Aguiar, quienes contribuyen con la mirada sobre la formación docente desde la perspectiva teórica sociohistórica.

Ha sido la intención y el esfuerzo de todos los equipos intervinientes realizar un aporte valioso a la construcción de una subespecialidad de la psicología social: la psicología social de la educación.

Susana Seidmann
Buenos Aires, abril de 2011

INTRODUCCIÓN

Este libro es resultado de un desafío que se plasmó como una experiencia intelectual que intenta trazar puentes entre diferentes esferas del conocimiento. Para ello, este trabajo colectivo cuenta con diversas perspectivas acerca de la construcción de la subjetividad en el mundo posmoderno, en un área específica, la educación, y por ende, en cuanto a la construcción del *sujeto de la educación*.

La propuesta fue pensar esta problemática desde el enfoque de la psicología social, lo cual implicó transitar por diferentes puntos de vista, confrontar y discutir la existencia y la consideración de sus alcances. Todas las posiciones implicaron un diálogo interesante entre psicología, psicología social, representaciones sociales y educación.

El encuentro nos convocó a la creación de una nueva subespecialidad dentro de una especialidad, la *psicología social de la educación*. Tender puentes entre dos áreas disciplinares –la psicología social y la educación–, entre dos campos de saberes que tienen su propia especificidad, y al ligarlos tendrán sus puntos de encuentro y de disidencia. Nuestro objetivo fue crear una nueva perspectiva, transdisciplinaria e interdisciplinaria, que pueda tender nexos entre dichos campos.

Tomando como punto de partida los aportes de la tradición de la psicología social sociológica, tal como surgió en la Escuela de Chicago en los albores del siglo XX, y en particular a partir del Interaccionismo Simbólico, cuyo protagonista central está encarnado en la figura de

George Mead, enfocaremos la construcción de un *sujeto de la educación* a partir de la centralidad del significado en la interacción humana. El significado es lo que impregna nuestra experiencia en la vida cotidiana, en un permanente proceso de desarrollo. El ser humano se va desarrollando en los espacios de intercambio comunicativo, con otras personas de su medio y en su medio.

La crisis en la psicología social en las décadas de 1960 y 1970 destaca la necesidad de desarrollar una perspectiva evolutiva en la comprensión del ser humano, considerar una perspectiva histórica que tome en cuenta el contexto social y la manera en que las personas se involucran en los procesos de cambio social.

Serge Moscovici ha sido el gran reactivador y reformulador de la psicología social europea de posguerra, y asume una posición cuestionadora de la psicología social oficial, porque destacó el olvido de la consideración de la ideología y la importancia de la comunicación simbólica en la comprensión de la vida cotidiana y del significado.

En la psicología social importa el enfoque o perspectiva en la comprensión de los fenómenos humanos, y Moscovici introduce la importancia de tomar un enfoque ternario y no binario. No hay sujeto-objeto, sino sujeto-social, sujeto-individual y objeto; o ego, alter y objeto. Siempre son tres los elementos en relación y él está planteando todo el tiempo una concepción de disciplina basada en la idea de conflicto. Por otra parte, desde la Teoría de las Representaciones Sociales, plantea el interés por el universo consensual del conocimiento, anclado o relacionado con las ideas de Schütz sobre el conocimiento humano como razonable y sensato.

Moscovici planteará también el énfasis en los procesos de negociación y aceptación mutua, en el universo consensual, que proveerá un pensamiento no sistemático, basado en la memoria y en el consenso.

Desde el cuerpo de saberes de la psicología social, y tendiendo puentes hacia la educación, el proceso va a implicar una construcción de conocimiento sobre quién o quiénes son el sujeto de la educación: ¿los maestros? ¿La institución escolar? ¿Las políticas públicas? Estos son todos elementos de distintos niveles de abordaje de una problemática compleja. También están implicados los valores que se sostienen en la institución, la escuela como santuario, la vocación del maestro en este contexto, el problema de la vocación que oscurece la participación del maestro en las crisis del contexto social, cómo se genera la autonomía de la persona, qué modelo de socialización vamos a desarrollar como proceso de subjetivación.

La manera de poder llegar a construir un objeto de conocimiento propio de la psicología social de la educación es, precisamente, partir de los procesos simbólicos, que remiten a las teorías, insertos en un proceso de desarrollo, de evolución, de construcción, sobre el contexto social. Estamos frente a una discusión difícil. Comencemos, por lo tanto, el diálogo.

Susana Seidmann

***

La reunión a la que se hace mención en el prólogo surgió de la necesidad de pensar puentes entre la psicología social y la educación y, principalmente, de reunir versiones en el área de la psicología que considerasen al sujeto como un sujeto construido.

¿Qué significa esta perspectiva? Es sobre todo una perspectiva política. Encaramos la formación del sujeto y la formación del educador desde una perspectiva que considera la subjetividad y la construcción de políticas de subjetividad tal como lo plantea Tedesco. Simultánea a la necesidad y la urgencia de una buena formación, con buenas condiciones de trabajo y salario digno, es también necesario pensar en la subjetividad que está siendo construida en la escuela, tanto de alumnos como de profesores.

¿Qué subjetividad estamos construyendo en la formación de profesores en esta sociedad actual? Se trata de una cuestión nueva, que es política. Ella fue discutida en las décadas de 1960 y 1970 frente a una crisis muy grande del capitalismo, con la inclusión de una forma de oposición, de conflicto con la dominación en el área de la educación. Las principales tesis de esa época eran reproductivas con relación al modelo social del capitalismo globalizado, que presentaba un sujeto fragmentado, tal como lo describió Bauman; en este momento resulta fundamental, cuando nosotros estamos retomando la relación de la psicología social y la construcción del sujeto de la educación. Es imperioso hacer una crítica a la formación de ese sujeto, a la formación del educador que continúa formando sujetos sin considerar esta fragmentación.

Nuestra contribución central es mostrar la importancia de la crítica social, a partir de la comprensión del sujeto que se está construyendo. Una educación profesional será la que considere valores fundamentales: ¿para qué sociedad? ¿Para una sociedad globalizada, individualizante, que tendrá la construcción de un sujeto, individualista y fragmentado?

Nuestra perspectiva es una perspectiva social que abordará esencialmente una perspectiva política crítica. Consideramos el problema de lo cotidiano, del contexto, de las creencias, de las emociones y cómo encararlas. La escuela no lo toma en cuenta porque tiene la misión de trabajar con el conocimiento científico. Pero es imprescindible conocer su contexto, su medio. A partir de las discusiones abordamos un trabajo de construcción colectiva.

Clarilza Prado de Sousa

Capítulo 1
Los estudios de representaciones sociales y los desafíos para la investigación en educación

Clarilza Prado de Sousa y Lúcia Pintor Santiso Villas Bôas

Introducción

La articulación entre el abordaje de las representaciones sociales y los estudios educacionales se remonta a más de treinta años, en especial con la publicación francesa de *Maître-élève: rôles institutionnels et représentations,* de M. Gilly. Este autor señalaba, ya en la década de 1980, que el concepto de representación social es potencialmente pertinente para la comprensión del campo educacional en la medida en que permite enfocar al conjunto de significaciones sociales presentes en el proceso educativo. Además, considera –se puede agregar– las contribuciones de la sociología, con la unidad de análisis de una colectividad como la clase social, la familia, los grupos, la sociedad, el Estado, etc., y ofrece las contribuciones de la psicología que enfocan al sujeto y su experiencia vivida sin, no obstante, tomarlo como un "individuo aislado y como un autista." (Moscovici, 1985, p. 25).

Eso no significa una reducción del campo educacional al de las representaciones sociales o viceversa. Según observa Jodelet (2007):

> [El campo educacional] no se limita a un espacio de recolección de datos o un espacio puro de aplicación de un modelo teórico. Debe ser pensado como una totalidad en el seno de la cual los recursos ofrecidos por el modelo de las

representaciones sociales deben ser utilizados de manera adaptada a los problemas característicos de los diferentes niveles de su estructuración (p. 13).

Aun de acuerdo con la autora, la articulación entre la Teoría de las Representaciones Sociales y el área de la educación es una tarea apenas iniciada, aunque existe un aumento considerable de trabajos que se ocupan en promover este diálogo, según indican Madeira (2001), Sousa (2002), Menin y Shimizu (2005), en relación con el contexto brasileño. Tales estudios hacen explícitas las posibilidades de las representaciones sociales por evidenciar los procesos educativos aún no revelados por otros referenciales teóricos, en la medida en que ellas permiten tanto el análisis de contextos singulares –como es el caso, por ejemplo, de lo cotidiano escolar–, como de aquellos más amplios, relacionados con las políticas educacionales, lo que las transforma en un soporte importante para revelar los intrigantes conflictos que se producen en el crisol de lo cotidiano. Mientras tanto, es necesario reflexionar sobre los límites y desafíos que tal teoría trae al área educacional, en la medida en que identificarlos es establecer posibilidades, de manera de ampliar las condiciones de aplicabilidad de la teoría en el diálogo con otros campos del saber.

Para Moscovici (1961), la noción de representaciones sociales es un "cruce de caminos (*carrefour*)" en el que se atraviesan muchas ideas y conceptos oriundos de diferentes campos del saber, sobre todo de la sociología y de la psicología, pero ese *cruce de caminos* tiene las siguientes características:

> [Es] particularmente denso, las vías que ahí se cruzan son múltiples y no hay ningún mapa que ofrezca coordenadas comunes. Así, psicoanalistas, clínicos, psicólogos, psicosociólogos, sociólogos, historiadores pueden converger en dirección a este cruce de caminos, pero creyendo estar situados en espacios diferentes, no podrán nunca encontrarse (p. 82).

Esta metáfora del *cruce de caminos* también puede ser, por último, aplicada a la educación, en la medida en que también se constituye como un campo de conocimiento en el que se entrelazan las contribuciones de la sociología, de la psicología, de la filosofía, de la antropología, entre otras, lo que la transforma en un campo interdisciplinario por excelencia.[1]

En este sentido, las investigaciones sobre educación que hemos realizado en el ámbito del Centro Internacional de Estudios en Representaciones Sociales y Subjetividad-Educación (CIERS-Ed), del Departamento de Investigaciones Educacionales de la Fundación Carlos Chagas (San Pablo, Brasil), indican que el concepto de representaciones sociales responde de modo original a esta demanda interdisciplinaria del campo educacional, al permitir no sólo develar las intricadas redes simbólicas de los fenómenos educativos (cf. Jodelet, 2007), sino también contraponerse a las dos tendencias polarizadoras que imperan, de manera general, en la comprensión del contexto educacional, sobre todo cuando se analizan los estudios realizados en el contexto brasileño en la segunda mitad del siglo XX.

Una de estas tendencias, que prevaleció entre las décadas de 1950 y 1960, se caracteriza por una explicación del fenómeno educacional fuertemente marcada por el predominio del abordaje psicológico, y centrada de un modo exclusivo en el individuo, sin considerar el conjunto de relaciones que constituyen al sujeto. Esta situación terminó por legitimar las desigualdades sociales y enfatizar la ideología del don y del ideal de meritocracia, de acuerdo a Soares (1981):

---

[1]   Observación similar es hecha por Garnier y Rouquette (2000), para quienes: "*Si l'éducation comme champ de recherche vise au delà des observables, alors elle n'a pas d'autres choix que d'aborder les problèmes complexes qui la caractérisent sous l'angle de l'interdisciplinarité afin de mieux comprendre le réseau des interactions multiples qui lui sont spécifiques.*" (p. XVII).

Es interesante notar que la ideología del don y el ideal de meritocracia corresponden al enfoque fundamentalmente psicológico de la enseñanza y del estudiante que predominó hasta mediados de este siglo [veinte], cuando el desarrollo de las ciencias sociales pasó a alertar a los educadores sobre la estrecha relación entre capacidades intelectuales y condiciones de vida, entre resultados escolares y clase social (p. 49).

Esto generó, sobre todo en los años 1970, críticas a esta tendencia, y en consecuencia, una profunda desconfianza con relación a la psicología (Sousa, 2002). En las décadas siguientes (de 1970 a 1990), los fenómenos educacionales comenzaron a ser analizados bajo la óptica de la sociología, teniendo como resultado una ausencia de las contribuciones de la psicología sobre la formación docente. Esta especie de "sociologismo" presenta consecuencias aún actuales, según mostraron Gatti y Barretto (2009) en una investigación reciente, al analizar los currículos de los cursos de formación de profesores de universidades brasileñas en áreas de pedagogía y de licenciaturas. Concluyeron que todavía existen dificultades para articular las contribuciones significativas de la sociología con las de la psicología en el ámbito educacional.

Estas tendencias, en que se privilegiaba el aspecto psicológico, o bien el sociológico, llevaron a interpretaciones excluyentes y dicotómicas. Contrarios a estas interpretaciones, los estudios del CIERS-Ed en el campo educacional han mostrado que el abordaje psicosocial, desde la Teoría de las Representaciones Sociales, permite la construcción de una perspectiva integradora. Es así que se beneficia del nuevo contexto por el cual pasan las ciencias humanas caracterizadas, en líneas generales, por el predominio de estudios interdisciplinarios.[2]

---

[2]   Analizando la cuestión educacional en el contexto venezolano, en el que en un determinado período hay un predominio de explicaciones psicológicas y en otro de las sociológicas, Casado y Calonge (2000) apuntan a los siguientes cambios que contribuirían a la constitución

De este modo, los estudios de representaciones sociales en el área educacional no pueden dejar de considerar esta transversalidad entre lo psicológico y lo social por un doble riesgo: o bien de reducir "el problema social de la educación al de la cultura individual" (Charlot, 2000, p. 34), o bien de sobrevalorar el papel de las estructuras sin articularlas con las dimensiones subjetivas, retomando, aun bajo otros ropajes, las explicaciones "psicologizantes" o "sociologizantes" que no permiten comprender la complejidad del fenómeno educacional, en cuanto proceso que es también psicosocial. En este sentido, no se puede ignorar lo siguiente:

> La psicología social de las representaciones sociales ha sido construida a partir del cuestionamiento de las teorías que ignoran que los individuos piensan, o que ignoran el peso del pensamiento de los individuos en la constitución de la sociedad; y, simultáneamente, a partir del cuestionamiento de las teorías que ignoran el contexto social en el cual los individuos piensan y el peso de este contexto en la construcción del pensamiento (Billig *et al.*, 1988, citado en Vala, 2000, p. 457).

El abordaje teórico de las representaciones sociales se ha constituido a partir de una comprensión de la psicología social europea[3] que, aunque nace del conflicto

---

de tendencias interpretativas más integradoras: el primero de ellos se refiere a la alteración, en la sociología, del marxismo como paradigma dominante. El segundo de ellos, en el ámbito de la psicología del aprendizaje, se relaciona con el retomar la perspectiva vygotskyana pautada por la construcción social de las funciones mentales en que la Escuela de Ginebra tiene un papel importante en la actualidad, sobre todo con los trabajos de Doise. Y, por fin, con una tendencia a la elaboración de estudios interdisciplinarios en las ciencias humanas y sociales.

[3] Importa resaltar que la Teoría de las Representaciones Sociales "fue propuesta como un nuevo paradigma al interior de la Psicología Social, en el seno de la cual ella debería desempeñar, junto con otros modelos (psicología etogénica, construccionismo social, psicología social discursiva) un papel de propuesta alternativa objetivando, entre otros,

entre la psicología y la sociología, se aproxima a una búsqueda de comprensión de las relaciones constitutivas del
sujeto, de manera de poder establecer una visión ternaria
en interacción y mediación constante, que comprende al
sujeto individual (ego), al sujeto social (alter) y al objeto,[4]
de acuerdo con la figura siguiente.

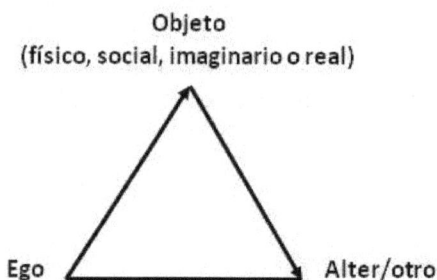

Objeto
(físico, social, imaginario o real)

Ego   Alter/otro

---

restituir a la Psicología Social, su dimensión social y reinsertarla en el
espacio social." (Jodelet, 2007, p. 12). Acerca de las diferencias entre la
Psicología Social europea y la producción académica identificada, sobre
todo, como constitutiva de la Psicología Social norteamericana, ver Sá
(1996), Pereira (2000) y Jesuíno (2000).

[4]   De acuerdo con Jodelet (2007), las representaciones sociales establecen
una ligazón entre el sujeto y el objeto, siendo siempre de alguien sobre
alguna cosa: "El sujeto es siempre considerado un sujeto social debido
a sus relaciones con los otros, a su pertenencia social y a su integración
dentro de una red de comunicaciones (interpersonales, institucionales o
de masas). El objeto puede referirse a diversas áreas de la realidad social
[...]. Acerca de todos los objetos, la representación está en una relación
de símbolos: está en el lugar de algo y al mismo tiempo es el producto
de una construcción por parte del sujeto que hace una interpretación
en función de sus capacidades cognitivas, de sus necesidades psicológicas, de sus desagrados sociales, dando significaciones específicas al
objeto de la representación." (p. 15). Así, las representaciones sociales
presentan, concomitantemente, una relación de símbolos (está en el
lugar de) y de interpretación (otorga sentido a algo).

Esta interacción y mediación constante es, en una perspectiva psicosocial, el proceso por el cual se construye la realidad, se estructuran los saberes y se permite "cuestionar la separación entre lo individual y lo colectivo, afirmar la separación entre lo psíquico y lo social en los campos esenciales de la vida humana" (Moscovici, 1985, p. 26), y aunque ellas dificulten el trabajo analítico, acaban por impedir que se tenga la tentación de analizar el comportamiento de un estudiante, o de un profesor, sólo en una perspectiva psicológica o únicamente sociológica (cf. Lautier, 2001). La educación, cuando está marcada por un enfoque de la psicología demasiado individualista, genera la ilusión de que es posible la existencia de un sujeto sin la presencia de la sociedad, o sea, como "un individuo aislado y autista" (Moscovici, 1985, p. 25), un sujeto que apenas sufre influencias sociales, lo que lleva a abordajes que ignoran que los individuos están constituidos socialmente, al mismo tiempo que constituyen el contexto en el que viven.

La falta de esta comprensión en el ámbito educacional dejó su rastro en las políticas públicas, que tienden a justificar el mejoramiento del desempeño docente a partir de medidas únicamente individuales, proponiendo, inclusive, el desarrollo de planes de carreras basados en características y capacidades personales. En un estudio realizado por Sousa (2001) para la Organización de los Estados Iberoamericanos, en el que se analizaron las políticas de formación de profesores y su inserción profesional,[5] se observó la tendencia a justificar el progreso de la acción individual a partir de acciones que valorizaban al sujeto

---

[5]   Análisis realizado a partir de las Fichas Técnicas de la Organización de los Estados Iberoamericanos respondidas por Panamá, México, Honduras, Paraguay y España, y en la consulta de referencia bibliográfica a los textos producidos en la Argentina, Portugal, Cuba y Brasil (OEI / FT, 2001).

aislado y que se presentaban como un conjunto de extraor-
dinarias capacidades, tales como:

- "capacidad para dirigir su clase;
- capacidad para planear: seleccionar, adecuar y aplicar
  en forma eficaz estrategias metodológicas orientadas
  al desarrollo integral del educando;
- capacidad para integrar en su campo de trabajo las
  actividades de docencia, investigación y extensión;
- el rendimiento profesional;
- el dominio de su especialidad y de su método de
  estudio;
- la facilidad para establecer comunicación dialógica y
  flexible con los alumnos;
- la capacidad para realizar investigaciones;
- la actitud para orientar y organizar la actividad cognitiva y formativa del educando, es decir, dominio de
  métodos científico-pedagógico en la tarea educativa;
- conocer, creer y aplicar métodos científico-pedagógicos
  en la tarea educativa;
- habilidad para interactuar en la comunidad con actitud
  solidaria para principios de cooperación y responsabilidad social;
- disposición para la innovación y el cambio;
- responsabilidad;
- iniciativa;
- laboriosidad;
- cooperación;
- espíritu de superación;
- ética profesional;
- equidad;
- disciplina y puntualidad;
- relaciones humanas;
- limpieza y aseo." (pp. 128-129).

La psicología social, al profundizar y reescribir tópicos como influencia social y procesos intergrupales, presenta, al campo educacional, una posibilidad de estudio de las relaciones sociales en el contexto de la escuela, de la comprensión del sujeto en cuanto constructor de significados y de la realidad social (cf. Vala, 2000). En Brasil, esta aproximación a la educación se dio a partir de los trabajos de la psicología sociohistórica, de la psicología social cognitiva y, principalmente, a partir de la Teoría de las Representaciones Sociales. En este contexto, preparar al profesor para las relaciones interpersonales significa prepararlo para comprender las representaciones que se construyen en esa relación, como se evidencia en las investigaciones que estamos desarrollando.

Así, antes de discutir los aspectos de nuestras investigaciones relacionadas con la articulación entre la Teoría de las Representaciones Sociales y la educación, se realizará una breve presentación del CIERS-Ed y del Programa de Investigación actualmente en desarrollo.

Situando el punto de partida: el CIERS-Ed y el Programa de Investigación "Representaciones sociales de alumnos de pedagogía y licenciatura sobre el trabajo docente"

La articulación entre el campo de las representaciones sociales y el área educacional ha sido realizada a partir, sobre todo, de la experiencia del CIERS-Ed. Creado en el año 2006 con el apoyo de la *Fondation Maison des Sciences de l'Homme* (Francia), su objetivo es realizar investigaciones científicas en el ámbito de la educación, por medio del estudio de la Teoría de las Representaciones Sociales en articulación con otras referencias teórico-metodológicas, de manera de analizar y reflexionar sobre los procesos educacionales que se desarrollan en instituciones de enseñanza, así como sus consecuencias sociales.

Actualmente, el CIERS-Ed cuenta con una red de investigadores que congrega a veintiocho grupos de investigación de veintidós instituciones de enseñanza superior,[6] involucrando a más de cien investigadores de diferentes áreas y grados académicos, de Brasil, Argentina, Grecia y Portugal, en el desarrollo del Programa de Investigación *"Representaciones Sociales de alumnos de pedagogía y licenciatura sobre el trabajo docente".* Su objetivo es analizar, por medio de abordajes multirreferenciales, las representaciones sociales de casi 3.000 universitarios de los cursos de Educación (pedagogía y licenciatura) sobre el trabajo docente, buscando identificar sus elementos constituyentes y comprender su dinámica de organización.

El estudio, caracterizado como una investigación longitudinal, acompañará la formación del estudiante en la institución de enseñanza superior por cuatro años, previendo también un año de seguimiento luego de su graduación. La investigación presenta instrumentos de recolección y análisis de los datos estructurados, en relación con una parte común del proyecto y con una parte específica de

---

[6]   Son ellas: por *Brasil*, Centro Universitário Serra dos Órgãos (UNIFESO), Pontifícia Universidade Católica de São Paulo (PUCSP), Pontifícia Universidade Católica do Paraná (PUCPR), Universidade Católica de Santos (UNISANTOS), Universidade de São Paulo (USP), Universidade do Vale do Itajaí (UNIVALI), Universidade Estácio de Sá (UNESA), Centro Universitário Moura Lacerda (CUML), Universidade Estadual da Bahia (UNEB), Universidade Estadual do Río de Janeiro (UERJ), Universidade Estadual Paulista / Presidente Prudente (UNESP), Universidade Federal de Alagoas (UFAL), Universidade Federal de Mato Grosso (UFMT), Universidade Federal de Santa Catarina (UFSC), Universidade Federal de Uberlândia (UFU), Universidade Federal de Viçosa (UFV), Universidade Federal do Pará (UFPA), Universidade Federal do Rio Grande do Norte (UFRN), Universidade Metodista de São Paulo (UMESP); por *Argentina*, Universidad de Belgrano (UB); por *Portugal*, Universidade de Aveiro (UA); y por *Grecia*, Université de Macédoine de L'Ouest, Grèce.

investigación. Esta estructura no sólo ha garantizado una mayor unidad en el análisis, sino también posibilitó que cada grupo de investigación elabore estudios específicos, de manera de poder ampliar el objetivo del programa.[7]

Los procedimientos de la parte común del Programa de Investigación involucran cuatro etapas:

- Primera etapa: caracterización académica de los universitarios participantes en la investigación y análisis de la visión que ellos tienen sobre los tópicos fundamentales del trabajo docente, tales como: imagen del futuro alumno; factores relativos a las dificultades de aprendizaje y a su superación; tipos de formación de profesores; imagen de la profesión; y visión del otro.
- Segunda etapa: exploración en profundidad de los resultados de la primera etapa a partir de la realización de entrevistas con una muestra de los universitarios.
- Tercera etapa: análisis de la trayectoria de una muestra de universitarios en el transcurso de la formación.
- Cuarta etapa: análisis de los temas específicos trabajados por cada grupo participante del Programa de Investigación y articulación con los análisis de los datos de la parte común de la investigación.

Evidentemente, se trata de una trayectoria de investigación que se desarrolla y se profundiza a medida que se presentan y definen nuevos elementos. De esta forma, se seleccionaron algunos de los resultados encontrados, que se presentan como un desafío, tanto en el plano teórico de las representaciones sociales como en el plan analítico, en

---

[7]   Actualmente, esta ampliación se encuentra estructurada en tres grandes ejes, *"Representaciones, identidad y trayectorias: diálogos interdisciplinarios"*; *"Profesionalismo y saberes docentes en el estudio de las representaciones sociales"*; y *"Políticas educacionales, representaciones sociales y formación de profesores"*, cuyos resultados iniciales son presentados en Sousa, Pardal y Villas Bôas (2009).

el que se pretende promover una articulación de esta teoría con el campo educacional, más específicamente, con el de la formación de profesores.

Desafíos en el plano teórico: la cuestión de la subjetividad en el análisis de las representaciones sociales sobre el trabajo docente

En el plano teórico, estos desafíos se explicitaron con la utilización de los cuatro niveles de análisis propuestos por Doise (1986), con el objetivo de facilitar la realización de articulaciones analíticas y así aclarar "cómo el individuo dispone de procesos que le permiten funcionar en sociedad y, de alguna manera, complementar cómo las dinámicas sociales, sobre todo interrelacionales, posicionales o de valores y de creencias en general, orientan el funcionamiento de estos procesos." (Doise, 1986, pp. 80-81). Ellas son:

Primer nivel, intraindividual: en el que se analizan los mecanismos a través de los cuales los individuos organizan su experiencia.

Segundo nivel, interindividual y situacional: en el que se estudia la dinámica de las relaciones establecidas en un momento dado, por determinados individuos en una determinada situación.

Tercer nivel, posicional: en el que se consideran las diferencias de posiciones que los actores sociales ocupan en el tejido social y cómo tales posiciones modulan los niveles intraindividual e interindividual.

Cuarto nivel, cultural e ideológico: en el que son introducidas explicaciones acerca de la ideología, de los sistemas de creencias y representaciones, los valores y las normas que la sociedad desarrolla para validar y mantener el orden social establecido.

Importa resaltar que la división de estos niveles se realiza con objetivos didácticos, o sea, para facilitar la producción de articulaciones analíticas. Por otra parte, como el propio Doise (1986) observó con relación a la noción de representaciones sociales:

> No se pueden eliminar las referencias a los múltiples procesos individuales, interindividuales, intergrupales e ideológicos que, frecuentemente, entran en resonancia unos con los otros y cuyas dinámicas de conjunto conducen a estas realidades vivas que son, en última instancia, las representaciones sociales (p. 83).

Es importante analizar los cuatro niveles, en la medida en que, de acuerdo con Farr (1992), las representaciones sociales están tanto en la cultura como en la cognición. Doise (1986) observa que los análisis del tipo societal, o sea, los relacionados con los niveles "posicional" y "cultural e ideológico", se constituyen como minoría.

Lo que los estudios del CIERS-Ed indican es que, en el ámbito educacional, se observa un movimiento diferente. Existe una tendencia a atenerse, justamente, al nivel "cultural e ideológico", habiendo, por lo tanto, un predominio de los análisis preocupados con el campo representacional. Los niveles intraindividual e interindividual que, en última instancia, se refieren a la subjetividad de manera general, no se analizan tanto.

Además, la propia cuestión de la subjetividad aparece como un aspecto complejo en el ámbito de la Teoría de las Representaciones Sociales. Sus diferentes usos y construcciones conceptuales, generados tanto en el seno de las ciencias humanas como en los discursos del sentido común, presentan las más diversas definiciones que tropiezan con una separación absoluta entre lo individual y lo colectivo, o bien realizan una distinción entre los aspectos objetivos (llamados racionales) y los subjetivos (supuestamente irracionales), entre el mundo interno y el externo. Un pasaje rápido por los diccionarios apunta a un aspecto común de comprensión entre sus varios usos actuales: se trata de un espacio relacional entre el individuo y lo social que sobrepasa todos los fenómenos sociales.

Sin entrar en las intrigas de una historia conceptual de la subjetividad, tenemos que admitir que este tema es central en las investigaciones que involucran al campo educacional y, actualmente, en lo que respecta a la perspectiva psicosocial de la Teoría de las Representaciones Sociales, este tema reaparece como un retorno a la cuestión del sujeto.

Si, por un lado, la cuestión de la constitución del sujeto social fue presentada por Moscovici (1961) en su estudio inicial, *La psychanalyse, son image et son public*, como un aspecto primordial del análisis desde la perspectiva psicosocial, la mayor parte de las investigaciones realizadas luego se ha vuelto más hacia la cuestión del objeto representacional que al de los sujetos propiamente de las representaciones sociales. Esta situación generó algunas de las críticas dirigidas a la teoría. Esto no significa que la Teoría de las Representaciones Sociales haya descuidado al individuo, o que no considere la importancia de la subjetividad en la constitución de tales representaciones.

Pese a la importancia de estos estudios, esta especie de vacío teórico puede atribuirse, según Jodelet (2008), a dos razones principales:

> En psicología social, la definición de su objeto propio ha conducido a los investigadores a centrarse sobre los fenómenos de interacción y de comunicación, situando el estudio de las representaciones sociales en el espacio intermedio tejido por las relaciones sociales, con el riesgo de perder de vista la dimensión subjetiva de su producción. A mi modo de ver, otro tipo de razones ha intervenido de manera aún más decisiva: las que se relacionan con el destino que ha

tenido la noción de "sujeto" en las ciencias sociales y en la filosofía social, particularmente en la segunda mitad del siglo XX (pp. 33-34).

Es importante, de acuerdo con Jodelet (2008), retomar esta discusión, en el ámbito psicosocial, para rescatar la idea de sujeto[8] y, consecuentemente, la de subjetividad social. Se intenta considerar la dinámica psíquica que subyace a la producción del pensamiento oscurecido por el énfasis en los fenómenos de interacción.[9] Esta posición se corrobora con la afirmación de Moscovici (2003) de que las representaciones son sociales cuando presentan las siguientes características: a) se constituyen como un hecho psicológico, o sea, poseen un aspecto impersonal en la medida en que pertenecen a todos; b) son la representación de otros, pertenecientes a otras personas o a otros grupos; c) son una representación personal, percibida afectivamente como perteneciente al yo.[10]

De un modo evidente, esta mirada sobre los aspectos subjetivos de las representaciones sociales implica la construcción teórica, no de un sujeto transcendental, sino de sujetos humanos cognoscentes (cf. Marková, 2006). O sea, la subjetividad es siempre una construcción históricamente

---

[8]   Recordando que "el sujeto es siempre considerado un sujeto social debido a sus relaciones con los otros, a su pertenencia social y a su integración dentro de una red de comunicaciones (interpersonales, institucionales, o de masas)." (Jodelet, 2007, p. 16).

[9]   Jodelet (2008, p. 49) propone las siguientes orientaciones para investigación involucrando subjetividad y representaciones sociales: A) vinculación entre subjetividad y representación, en el plano de la producción de conocimientos y de significados; B) de efectos sobre los contenidos representacionales imputables a las formas de subjetivación ligadas a los marcos sociales e históricos; C) del papel de las representaciones en la constitución de las subjetividades y de su afirmación de identidad.

[10] Según Jodelet (2008), las representaciones sociales se refieren a tres esferas de pertenencia: la de la subjetividad, la de la intersubjetividad y de la transubjetividad.

situada que se relaciona con modelos normativos y de identificación construidos en cada época.

Entendidas como "forma de conocimiento ordinario, que puede ser considerado en la categoría de sentido común que tiene como particularidad la de ser socialmente construida y compartida" (Jodelet, 2007, p. 14), las representaciones sociales representan una producción de la subjetividad social que, aunque faciliten la comunicación entre los individuos, refuerzan el conocimiento del sentido común resistiendo a los cambios, sobre todo, a aquellos que presentan nuevas significaciones: "Aquellos que comparten una categoría de representación comparten también un conjunto de elementos que los identifican, quiere decir, la aceptación de que los otros piensan como yo, lo que nos hace parecidos." (Guerrero Tapia, 2008, p. 126).

En este sentido, la comprensión del pensamiento del profesor, con el apoyo de las representaciones sociales, evidencia las articulaciones de los saberes que éste construye en su práctica, indicando cómo estructuran los conocimientos de la ciencia de la educación con conocimientos del sentido común sobre la educación, de manera de evidenciar cómo estos conocimientos se producen y orientan la docencia.[11] Se trata de un proceso de mediación, de relación que, sin embargo, no es un reflejo de la realidad externa, sino que resulta una construcción mental del sujeto, que se produce a partir de su actividad simbólica, en el contexto

---

[11]   Estos conocimientos construidos por el profesor, que darán sentido y orientación a su práctica, pueden ser definidos como "saberes de la docencia", ligados "orgánicamente a la persona del trabajador y a su trabajo, aquello que es y que hace, pero también al que fue e hizo, a fin de evitar desvíos en dirección a concepciones que no tengan en cuenta su incorporación en un proceso de trabajo, dando énfasis a la socialización en la profesión docente y al dominio contextualizado de la actividad de enseñar." (Tardif, 2005, p. 17).

del sistema social más amplio y que orientará su formación para la acción educativa.

Estos conocimientos, socialmente elaborados y compartidos por los estudiantes sobre el trabajo docente, permiten buscar las relaciones que éstos construyen en su cotidianeidad, como una forma de conocimiento de sentido común que también revela la forma en que ellos piensan, comprenden y explican el sentido de este trabajo y los factores que consideran conducentes a la enseñanza efectiva y a las expectativas que poseen en relación con su futuro como profesores.

Además, la televisión, la radio, los diarios, las revistas, etc. son vehículos propagadores de informaciones y análisis sobre la educación, sobre cómo educar y cómo enseñar. Todos estos vehículos están comprometidos con valores, con las ideologías, y tienen diferentes compromisos con el cambio. Estas informaciones se constituirán en fuentes privilegiadas para los estudiantes de licenciaturas, para construir su visión de la educación, del alumno y de cómo educar, contribuyendo así a reforzar principios y conceptos propios del sentido común.

En este sentido, desarrollar una investigación sobre cómo piensan los profesores o cómo éstos están construyendo su pensamiento acerca de la educación exigirá investigar cómo entrelazan el conocimiento del sentido común con el conocimiento científico. Develar este proceso es construir posibilidades de actuar en la formación inicial y continuada de profesores, concientizando al alumno durante su trayectoria de formación sobre cómo está construyendo su pensamiento sobre el trabajo del profesor. Tener acceso a este proceso, con el soporte de las representaciones sociales, es renovar las esperanzas para educar al futuro profesor, evidenciando que los procesos de formación docente deben necesariamente considerar el sentido común, de manera de permitir la transformación que oriente la construcción de un "sentido común claro", en los términos que resalta Boaventura de Souza Santos (1989).

La perspectiva de observar el trabajo del profesor a partir de una epistemología del sentido común, y no sólo desde la epistemología del conocimiento científico que define formas y modelos de enseñanza relacionados a la tarea docente, no significa establecer una contraposición entre estas dos epistemologías. De acuerdo con Moscovici y Hewstone (1986), citando Duhem:

> El fondo del sentido común no es el tesoro enterrado en el suelo al cual no se agrega alguna pieza, es el capital de una sociedad inmensa y prodigiosamente activa, formada por la unión de las inteligencias humanas; siglo tras siglo este capital se transforma y se enriquece; la ciencia teórica contribuye en gran parte a estas transformaciones y a este aumento de riquezas, difundiéndose incesantemente a través de la enseñanza, de la conversación, de los libros y de los periódicos. La ciencia penetra en el fondo del conocimiento vulgar, despierta su atención sobre los fenómenos hasta entonces olvidados; la enseñanza analiza nociones de verdades comunes a todos los hombres, por lo menos a todos aquellos que hayan alcanzado cierto grado de cultura intelectual (p. 684).

El sentido común que orienta lo cotidiano en las relaciones docentes no es, por lo tanto, "ingenuo, intuitivo, profano que haría del hombre común una especie de Adán en el día de su creación, desprovisto de prejuicios" (Moscovici, 1986, p. 687). El conocimiento del sentido común del profesor, a partir de lo que señalaba Moscovici (1986), se construye en el consenso de grupos, elaborado, modificado y transformado históricamente (Rouquette y Guimelli, 1992) a partir del acceso que se tiene al conocimiento científico y del contexto social en el que vive y en el que se construyen los saberes (Jovchelovitch, 2008).

Este conocimiento de sentido común operará en la vida cotidiana del profesor, y realmente importa conocerlo cuando se lo busca formar para ejercer el trabajo docente. Sólo conociendo cómo el futuro profesor piensa la acción de ser profesor, se pueden proponer acciones que lo lleven a perfeccionar su trabajo. Dicho de otra forma, la articulación entre la experiencia (lo vivido) y el conocimiento (Jodelet, 2005) puede llevar a develar las representaciones sociales de los profesores sobre el trabajo docente, en la tentativa de comprender los procesos de articulación construidos y que se constituirán en hipótesis u orientaciones de acción. Sólo una interrelación teórico-metodológica que considere el contexto en que el profesional está inserto, las condiciones sociales e institucionales con que cuenta para realizar sus actividades, las experiencias que su formación produjo y los procesos que desarrolla en su práctica, permite una mejor comprensión del sujeto-profesor y de su actividad docente.

En este análisis, la alteridad se convierte en un aspecto a ser considerado, ya que ser profesor es realizar una actividad profesional que exige la complementariedad de tener alumnos (Sousa, Pardal y Villas Bôas, 2009). Se trata de aquello que Marková (2006) denomina la "ontología dialogal", ya que, desde su origen, un elemento constituye al otro, teniendo en cuenta que la profesión docente sólo puede ser vista como relaciones. Así, el trabajo del profesor sólo puede ser analizado teniendo como referencia a su *otro* -el alumno-, en la medida en que este *otro* es constitutivo del ser profesor, en una especie de par interdependiente (Marková, 2006). Este *otro* tiene un espacio fundamental en un estudio psicosocial del trabajo docente. Discutir el trabajo docente, por lo tanto, exige que se indague: ¿profesor para qué alumno, de qué escuela, en cuál contexto, en cuáles condiciones?

Además, el intelectual brasileño Dante Moreira Leite, en un texto de la década de 1950, ya llamaba la atención sobre las relaciones interpersonales y, principalmente, sobre la importancia de los estudios sobre educación orientados para comprender las relaciones profesor-alumno. Afirma el autor (1981): "La Educación como proceso de formación, a través de relaciones interpersonales, no se distancia de la educación como forma de prepararse para las relaciones interpersonales." (p 250).

Conocer al *otro* construido por el profesor es definir, también, cómo el profesor establece criterios de pertenencia, de inclusión y de exclusión, es decir, quién formará parte del "Nosotros" y quiénes serán "Ellos" en un contexto social dado, lo cual señala la forma en que el profesor está construyendo su proceso de alteridad.

Desafíos en el plano analítico: la cristalización de las representaciones hegemónicas sobre el trabajo docente

El Programa de Investigación en desarrollo en el CIERS-Ed permite observar que el campo representacional del trabajo docente se presentó con más facilidad caracterizándose, inclusive, por la existencia de representaciones hegemónicas identificadas por Moscovici (1988)[12] como siendo aquellas compartidas por todos los miembros de un grupo altamente estructurado, como partidos o países.

Aunque la idea de "grupos altamente estructurados" merezca una mediación, se llama aquí representaciones hegemónicas a aquellas compartidas por los estudiantes de los cursos de Educación, Pedagogía y Licenciaturas, independientemente del país y de características variadas

---

[12]   Moscovici (1988), además de las representaciones hegemónicas, identifica dos modalidades más de representaciones: las emancipadas y las polémicas.

de perfil, tales como nivel socioeconómico, sexo, color autoatribuido, período de estudio frecuentado, etc.

En este sentido, los contenidos representacionales caracterizados como hegemónicos se refieren, de un modo sucinto, a tres ejes de análisis. El primero de ellos hace referencia a una dimensión vocacional relacionada con el trabajo docente que, o bien se presenta como un atributo del profesor -o sea, una especie de competencia-, o bien se vincula con atributos personales tales como "tener paciencia con niños", "ser comprometido, dedicado, afectuoso y abnegado", además de una asociación directa con la cuestión de género en que la profesión docente aparece como una vocación femenina por naturaleza. Esto se relaciona con otro contenido hegemónico que es la cuestión de las prácticas de cuidado, denominadas también prácticas de "maternaje" asociadas a las prácticas docentes, a partir de las ideas de dedicación, respeto a las reglas, afecto, etc. Un tercer eje se refiere a la cuestión de la afectividad ligada, sobre todo, al sentimiento de angustia y a las dificultades inherentes a la profesión, cuyo éxito depende del otro, o sea, del aprendizaje del alumno y asociado a la falta de perspectiva en el trabajo.

De manera sucinta, a pesar de los diferentes contextos que están siendo analizados en el Programa de Investigación desarrollado por el CIERS-Ed, ya que el estudio se desarrolla en Brasil, Portugal y Argentina, éste indica que el trabajo docente es comprendido por medio de elementos universalizados que no provienen de manera específica de la formación académica, sino de elementos más generales de la cultura en la medida en que, al analizarse los datos de los estudiantes egresados -o sea, ya graduados-, se observó que estos contenidos no se modificaron, ni en función del tiempo de permanencia en el curso, ni en función de los contenidos del curso.

En este sentido, la cuestión que se coloca frente a tales representaciones hegemónicas no es exactamente la de su existencia, de cierta forma ya esperada en un campo de gran regulación social como es el de la educación, sino la necesidad de comprender las razones que llevaron a este profundo enraizamiento cultural (Wagner, 2003) y las consecuencias políticas y sociales que la sustentan.

Las relaciones del profesor con sus alumnos no son uniformes, ni constantes, ni estáticas. ¿Por qué son respondidas, entonces, por los universitarios de los cursos de educación como tales? Analizar la historicidad de estas representaciones ayudará no sólo a identificar los procesos de transformación, fundamentales en el área de la educación, sino también a comprender el proceso por el cual las abstracciones, las pequeñas construcciones del sentido común de los profesores sobre las relaciones con los alumnos, se constituyen como construcciones teóricas que esconden por completo a un sujeto concreto, que ocultan la subjetividad sobre la capa de viejas teorías pedagógicas. De acuerdo con lo que recuerda Jovchelovitch (2002):

> Es precisamente la pluralidad objetiva de la vida social que construye la red intersubjetiva que constituye la realidad de un tiempo y lugar histórico. Es en la relación triádica entre sujeto-objeto-sujeto que encontraremos tanto la posibilidad de la construcción simbólica como los límites de esta construcción. Porque a cada sujeto que inviste al objeto con sentidos, a partir de su lugar particular en el tiempo y en el espacio, compete reconocer las construcciones de otros sujetos que también ocupan posiciones particulares en el tiempo y en el espacio. El significado, por lo tanto, es un acto que tiene lugar (y sólo puede ocurrir) en una red intersubjetiva, entendida como una estructura de relaciones sociales e institucionales dentro de un proceso histórico (p. 78).

La cuestión que se plantea es: ¿por qué, en las investigaciones educacionales, el sujeto-profesor se oculta en lo hegemónico de tal manera que hace desaparecer su subjetividad, las relaciones individuales, interindividuales y aun las intergrupales?

Considerando que las representaciones sociales posibilitan la formación de todos los sistemas de saber y expresan mundos subjetivos, intersubjetivos y objetivos (Jovchelovitch, 2008), enfrentar esta cuestión es fundamental para la comprensión de las representaciones sociales sobre el trabajo docente. Es éste el desafío en el momento presente.

Referencias

Casado, E. y Calonge, S. (2000), "Psicología social y educación", a título de presentación, en E. Casado y S. Calonge (comps.), *Representaciones sociales y educación*, Caracas, Facultad de Humanidades y Educación, Universidad Central de Venezuela, pp. 7-11.

Charlot, B. (2000), *Relação com o saber*, Porto Alegre, Ed. Artmed.

Doise, W. (1986), "Les représentations sociales: definition d'un concept", en Doise, W. y Palmonari, A. (dir.), *L'étude des représentations sociales*, Lausanne, Delachaux y Niestlé, pp. 81-94.

Doise, W. y Palmonari, A. (dir.) (1986), *L'étude des représentations sociales*, Lausanne, Delachaux y Niestlé.

Farr, R. M. (1992), "Les representations socials: le théorie et ses critiques", *Bulletin de psychologie*, 45 (405), pp. 183-188.

Garnier, C. y Rouquette, M. (2000), "Introduction", en *Représentations sociales et éducation*, Montréal, Éditions Nouvelles, pp. V-XX.

Gatti, B. y Barreto, E. (2009), *Professores do Brasil: impasses e desafios*, Brasilia, UNESCO.

Gilly, M. (1980), *Maîtres-élèves: rôles institutionnels et représentations*, París, Presses Universitaires de France.

Gilly, M. (2001), "As representaciones sociales en el campo de la educación", en D. Jodelet (ed.), *Las representaciones sociales*, Río de Janeiro, Ed. da UERJ.

Guerrero Tapia, A. (2008), "Volonté d'être dans la construction des projets sociaux: éléments constitutifs de l'identité, subjectivité et sens", *Connexions*, 89, 1, pp. 121-130.

Guimelli, C. (dir.). (1994), *Structures et transformations des representations sociales*, Lausanne, Delachaux y Niestlé.

Jesuíno, J. C. (2000), "A Psicologia Social Européia", en J. Vala y M. B. Monteiro (coords.), *Psicologia Social*, 4ª ed., Lisboa, Fundação Calouste Gulbenkian, pp. 49-60.

Jodelet, D. (2005), "Experiência e representações sociais", en M. S. Menin y A. Shimizu (org.), *Experiência e representação social: questões teóricas e metodológicas,* San Pablo, Casa do Psicólogo, pp. 23-56.

Jodelet, D. (2007), "Contribuições das representações sociais para a análise das relacões entre educação e trabalho", en L. Pardal *et al.* (orgs.), *Educação e trabalho: representações, competências e trajetórias,* Aveiro, Universidade de Aveiro, pp. 11-26.

Jodelet, D. (2008), "El movimiento de retorno al sujeto y el enfoque de las representaciones sociales", *Cultura y representaciones sociales*, 3, 5, pp. 32-63.

Jovchelovitch, S. (2002), "Re(des)cobrindo o outro. Para um entendimento da alteridade na teoria das representações sociais", en A. Arruda (org.), *Representando a alteridade*, 2a ed., Petrópolis, Vozes, pp. 69-82.

Jovchelovitch, S. (2008), *Os contextos do saber: representações, comunidades e cultura*, Petrópolis, RJ, Vozes.

Lautier, N. (2001), *Psychosociologie de l'éducation. Regard sur les situations d'enseignement*, París, Armand Colin.

Madeira, M. (2001), "Representações sociais e educação importância teórico-metodológica de uma relação", en A. Paredes (org.), *Representações sociais: teoria e prática*, João Pessoa, Ed. Universitária, pp. 411-440.

Marková, I. (2006). "Dialogicidade e representações sociais: as dinâmicas da mente", *Petrópolis, RJ: Vozes* (Ed. Original 2003).

Menin, M. S. y A. Shimizu (2005), "Educação e representação social: tendências de investigações na área. Período de 2000 a 2003", en *Experiência e representação social: questões teóricas e metodológicas*, San Pablo, Casa do Psicólogo, pp. 93-130.

Moreira Leite, D. (1997), "Educação e relações interpessoais", en M.H.S. Patto, *Introdução à Psicologia Escolar*, San Pablo, Casa do Psicólogo, pp. 234-257.

Moscovici, S. (1961), *La psychanalyse, son image et son public*, París, Presses Universitaires de France.

Moscovici, S. (1985), "Introducción", *Psicología Social*, Barcelona, Paidós, pp. 17-37.

Moscovici, S. (1988), "Notes towards a Description of Social Representations, *European Journal of Social Psychology*, 18, pp. 211-250.

Moscovici, S. (2003), *Representações sociais: investigações em psicologia social*, Petrópolis, RJ, Vozes.

Moscovici, S. y Hewstone, M. (1985), "De la ciencia al sentido comun", *Psicología Social*, Barcelona, Paidós, pp. 679-710.

Pereira, O. (2000), "A emergência do paradigma americano", en J. Vala y M. B. Monteiro (coord.), *Psicologia Social*, 4ª ed., Lisboa, Fundação Calouste Gulbenkian, pp. 31-60.

Rouquette, M. y Guimelli, C. (1994), "Sur la cognition sociale, l'histoire et le temps", *Structures et transformations des représentations sociales*, Lausanne, Delachaux et Niestlé, pp. 255-266.

Sá, C. P (1996), "Introdução", *Núcleo central das representações sociais*, Petrópolis, Vozes, pp. 13-28.

Santos, B. de S. (1989), *Introdução a uma ciência pós-moderna*, Río de Janeiro, Graal.

Soares, C. F. (1981) "Pensamiento utópico y fantasías de la Educación en la América Latina", *Revista del Instituto de Investigaciones Educativas*, año 7, N°33, 1981, pp. 31-56

Sousa, C. P. (2001), "Políticas de educação continuada de professores na América Latina", *Psicologia da Educação*, Programa de Estudos Pós-graduados em Educação, Psicologia da Educação da Pontifícia Universidade Católica de São Paulo, 13, 2, pp. 17-150.

Sousa, C. P. (2002), "Estudos de representações sociais em educacção", *Psicologia da Educação*, Programa de Estudos Pós-graduados em Educação, Psicologia da Educação da Pontifícia Universidade Católica de São Paulo, 14/15, 1°, 2°, pp. 285- 323.

Sousa, C. P. ; Pardal, L. y Villas Bôas, L. (orgs.) (2009), *Representações sociais sobre o trabalho docente: um estudo longitudinal sobre a constituição da profissionalidade docente de estudantes de educação*, Aveiro, Universidade de Aveiro.

Sousa, C. P.; Silva, A. F. y Lima, L. C. (2009), "Educación y alteridad: la relación profesor-alumno vista por los estudiantes de pedagogía", *Investigaciones en Psicología*, 14, 2, pp. 151-171.

Tardif, M. (2005), *O trabalho docente: elementos para uma teoria da docência como profissão de interações humanas*, Petrópolis, Vozes.

Vala, J. (2000), "Representações sociais e psicologia social do conhecimento cotidiano", en J. Vala y M. B. Monteiro (coord.), *Psicologia Social*, 4ª ed., Lisboa, Fundação Calouste Gulbenkian, pp. 457-502.

Wagner, W. (2003), "História, memória e senso comum em representações sociais e interdisciplinaridade", en A. Moreira y J. Jesuíno (org.), *Representações sociais: teoria e prática*, 2. ed. rev. e ampl., João Pessoa, Editora Universitária / UFPB, pp.15-28.

Capítulo 2
Representaciones sociales y dialogicidad: la psicología social y la construcción del sujeto de la educación

Susana Seidmann, Sandra Thomé y Jorgelina Di Iorio

Consideraciones preliminares

El desarrollo de la psicología social como disciplina está íntimamente ligado a la práctica en el campo empírico y toma como punto de partida la relación entre la persona y su contexto social. No es posible imaginar a uno sin el otro, ya que ambos se constituyen de un modo recíproco en el mismo proceso.

Pensar la psicología social lleva de inmediato a enfocar los términos de esta relación en función de la interacción, la influencia, la relación y la interdependencia social. De este modo, la psicología social enlaza los fenómenos micro y macrosociales desde una perspectiva no individual, particular en la consideración de los problemas humanos. Aborda la experiencia subjetiva de las personas en los procesos de interacción, la manera en que dan sentido a su mundo interpersonal.

Esta manera de describir y comprender los fenómenos, los procesos y las relaciones, centrada en la interdependencia de los sujetos en su contexto sociohistórico, constituye el entramado sobre el cual se busca construir en términos conceptuales el sujeto de la educación en el presente capítulo.

La producción literaria de Carlos Fuentes aporta a la definición del campo de la psicología social, cuando ésta es considerada "como un cruce de caminos entre los destinos individuales y colectivos, de hombres y mujeres, ambos tentativos, ambos inacabados, pero ambos narrables y mínimamente inteligibles, si previamente se dice y se entiende que la verdad es la búsqueda de la verdad" (Fuentes, citado en Estramiana, 1995, p. IX).

Es así que Amalio Blanco, catedrático de la Universidad Autónoma de Madrid, precisa que la psicología social "es como un personaje que se esconde detrás de diversas máscaras, con cierta coherencia y unidad. Hay tantas definiciones de psicología social y tantas psicologías sociales como profesionales la practican." (Blanco, 1988, p.12).

En el siglo XX se perfilan dos tradiciones históricas de la psicología social: psicología social psicológica y la psicología social sociológica (Seidmann, 2000). La primera alude a los desarrollos centrados en la influencia de los estímulos sociales sobre la conducta de las personas. Era ésta una aproximación externa sobre el comportamiento individual, abordado desde una epistemología positivista. La tradición de la psicología social sociológica se centró en las influencias ambientales y simbólicas sobre el comportamiento, a través del uso del lenguaje en la interacción. De este modo, se destacó la relevancia del significado, como eje fundante para la constitución de la conducta humana. Estos significados se internalizan en la persona y conducen a la construcción del *sí mismo* a lo largo de un proceso genético de desarrollo. Desde esta tradición, se enfatizan los actos comunicativos de personas autorreflexivas, consideradas como constructoras de los procesos identitarios y de la subjetividad.

Moscovici (1985) plantea una estrecha relación entre la persona y la sociedad toda. Sostiene que en cada individuo habita una sociedad: la de sus personajes imaginarios o reales, de sus héroes, amigos, enemigos, hermanos, padres, con quienes tiene un diálogo interno permanente. Esta relación implica un enfoque ternario entre el ego, el alter y el objeto con el cual se relaciona.

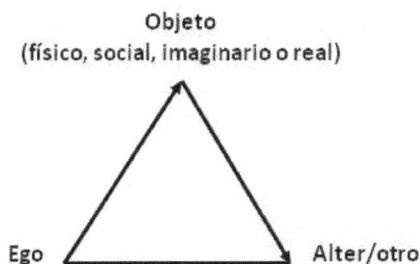

Objeto
(físico, social, imaginario o real)

Ego   **Alter/otro**

Figura extraída de Moscovici (1985, p. 22)

Acerca de esta distinción, en la introducción de su obra *Psicología Social*, Moscovici (1985) refiere que compete a la psicología social proponer el fin de la oposición binaria entre personal-individual y social-colectivo. Según él, hay que buscar una lectura ternaria de hechos y relaciones con la inclusión del otro, que sería la característica de la mirada psicosocial. Otras consideraciones ternarias involucran la relación entre individuo, sociedad y cultura.

Cultura

Individuo   **Sociedad**

Desde esta perspectiva, cuando se estudia los fenómenos de la cultura, se están abordando los conocimientos del sentido común o popular, que se generan en espacios de conversación y comunicación, a través del lenguaje. Estos conocimientos, llamados representaciones sociales (Moscovici, 1961; Jodelet, 1986), están insertos "en los significados de las palabras y por eso el discurso público las recicla y las perpetúa." (Moscovici y Marková, 2003, p. 126).

Otra relación triádica involucra a la representación individual, la representación social y el objeto, "forma ontologizada de la representación social" (Moscovici y Marková, 2003, p. 124).

Esta mirada implica un abandono de lo que Ibáñez (1985) considera una comprensión ingenua de lo social, anclada en dos tipos de creencias implicadas de forma mutua: la de una realidad completamente independiente de nuestro modo de acceso a ella; y la creencia de que gracias a una búsqueda constante de objetividad, habría un tipo de acceso privilegiado que nos conduciría a la realidad tal como ella verdaderamente existiría. O sea, creencias que suponen la existencia de una verdad en la realidad que sería accesible sólo por medio de la percepción, y por consiguiente, implicaría la creación de un campo de conocimientos con un discurso neutro, capaz de revelar esa verdad.

Retomando las ideas de Foucault (1976), tenemos que tener en cuenta que con lo social jamás estamos delante de un objeto real concreto (o dado) sino de un objeto real de conocimiento (o construido). Desde la perspectiva genealógica, lo social deja de ser considerado una evidencia para ser tomado como un objeto esencialmente construido.

Farr (1996) destaca la importancia de una comprensión histórica de las diversas formas de la psicología social que se desarrollaron para ocupar espacios determinados, de modo que no se hace necesario crear nuevas formas de psicología social, porque estas ideas ya existen en otras disciplinas en el amplio campo de las ciencias sociales. Por ello, es imprescindible comprender el modo en que las ideas surgieron en el devenir histórico del conocimiento.

Entre la persona y la sociedad existen disensos, contradicciones y conflictos, situaciones de las que se ocupa la psicología social. Esta particular perspectiva aborda los fenómenos y las relaciones, procesos de influencia social y de decisiones grupales, presión frente a una autoridad o un grupo. De este modo, la psicología social analiza fenómenos que son simultáneamente psicológicos y sociales. Citando a Proust (Moscovici, 1985, pp. 24), "nuestra personalidad es la creación del pensamiento de los demás." Así, las personas van creando la realidad en los contextos de interacción, a medida que la van narrando.

Esta consideración coloca a Moscovici en una posición próxima a la tradición de la psicología social sociológica. En la reconstrucción de la psicología social europea, posterior a la Segunda Guerra Mundial, Moscovici imprimió una perspectiva centrada en la interdependencia social.

Una perspectiva de la psicología social: la Teoría de las Representaciones Sociales

Moscovici destaca que, en sus orígenes, la psicología social tenía como propósito explicar los fenómenos sociales y culturales, que incluía el estudio de la vida cotidiana y de las relaciones entre las personas y entre los grupos, así como el estudio de las ideologías y de la creatividad intelectual, tanto de sus formas individuales como colectivas. Y, según él, desde esta perspectiva, "ofrecía la promesa de tornarse una ciencia verdaderamente social y política" (Moscovici, 2000, p. 147). Oponiéndose a la psicología social "oficial" –*mainstream psychology*– que enfatizaba, desde un modelo funcionalista, los mecanismos de control social de las mayorías, Moscovici (1979) propone un modelo genético en el que considera que el sistema social es un producto de los individuos y sus acciones, destacando la importancia del conflicto como promotor del cambio social a partir de los procesos de innovación. De ahí que denomine a la psicología social como la ciencia del conflicto entre el individuo y la sociedad.

A partir de su obra prínceps, *El Psicoanálisis, su imagen y su público* (Moscovici, 1961), define a las representaciones sociales como un conjunto de conceptos, afirmaciones y explicaciones, que se originan en la vida cotidiana, en las comunicaciones interindividuales, a través de un "murmullo incesante". Constituyen un conjunto de conocimientos organizados, conceptos, imágenes, que permiten que el mundo social y físico se haga inteligible. Equivalen a los mitos y a los sistemas de creencias. Son una versión contemporánea del sentido común que se crea en los microcosmos en los cuales la gente interactúa: los cafés, las reuniones, el mercado. Surgen para dar sentido a lo que parece lejano, transformándolo en algo familiar. Son producciones simbólicas, inseparables de las prácticas sociales, que fueron generadas a lo largo de la historia y que conforman las creaciones de la memoria colectiva. Ésta se nutre de elementos discursivos tales como los proverbios, los mitos, las canciones y todo aquel acontecimiento donde se use el lenguaje o cualquier otro sistema de signos de la comunicación. Conforman nuestra definición de la realidad, resultado de este "murmullo incesante" en la comunicación cotidiana (Moscovici, 1988). Las representaciones sociales constituyen una herramienta útil para comprender el proceso de construcción de conocimientos en las interacciones sociales. Con esta apreciación Moscovici enfatizó el poder del pensamiento y de lo imaginario, ya que las representaciones sociales no reflejan lo objetivo, sino que son una construcción que emerge en la interdependencia social.

Intercambios comunicacionales y construcción del sí mismo

Desde los desarrollos del Pragmatismo de la Escuela de Chicago, se enfatiza el conocimiento como una forma de actividad social frente a situaciones problemáticas. La persona reflexiona ante las dificultades cotidianas y reconstruye así de manera continua la experiencia, dando por resultado que las creencias son verdaderas si sirven para resolver problemas. Éstas constituyen, tal como lo expresan Alvaro y Garrido (2003), algunas de las raíces intelectuales que llevaron a George Mead a la formulación de lo que luego se denominó Interaccionismo Simbólico.

Mead (1938) propone que los procesos constitutivos de la persona resultan de la comunicación a través de los gestos significantes, que le permiten anticipar la respuesta de las otras personas y, por ende, la reacción que su gesto provocará en los demás. Este espacio de comunicación interpersonal conduce a la constitución de la persona,

derivada de la internalización de los roles de los demás, que
le permiten constituirse como objeto para sí y desarrollar
la conciencia de sí mismo. Es así que somos, al mismo
tiempo, sujetos y objetos de nuestra propia experiencia.
A través de nuestra actividad reflexiva incorporamos la
sociedad y sus creaciones culturales de forma activa. Mead
(1968), sostiene que la constitución de las personas, de las
cosas y del mundo surge de la relación que tienen entre sí.

Desde la Teoría de las Representaciones Sociales
(Moscovici, 1961), al igual que en los desarrollos de Mead
(1938), la realidad se concibe como un campo de situaciones caracterizadas por la relación de un individuo con su
ambiente. Banchs (2006) destaca los puntos de coincidencia
entre ambos autores, en un aporte de síntesis conceptual
abarcativo:

- En lo metateórico: la realidad social como proceso de
  construcción activa de actores sociales
- En lo epistemológico: superación de la dicotomía sujeto
  / objeto
- En lo metodológico: importancia de los lazos sociales
  en las aproximaciones etnográficas de la cultura
- Ambos incorporan la perspectiva temporal de la existencia humana en la permanente reconstrucción de
  la realidad social
- El sí mismo y la identidad emergen a partir de la implicación en la experiencia del otro y la internalización
  de significaciones compartidas intersubjetivamente,
  en el mundo de representaciones y prácticas sociales

Partiendo de esta mirada, que enfatiza los procesos
comunicacionales, la tarea de la psicología social consiste
en develar las versiones de la realidad construidas en los
contextos de intercambios dialógicos.

El ego / alter se centra en dos voces de un diálogo y
en sus relaciones mutuas. Es decir, en múltiples voces de

una amplia comunidad (Bajtín, 1986), a través del carácter dialógico del lenguaje. La palabra no pertenece únicamente al hablante. El hablante (autor) tiene sus derechos en relación con la palabra, pero el oyente también está presente así como todas las voces que antecedieron a aquel acto de habla que resuenan en la palabra del autor. Ningún hablante es el primero en hablar sobre el tópico de su discurso. Al hablar de algo ya nos encontramos habitados por otras hablas:

> En realidad no son palabras lo que pronunciamos o escuchamos, sino verdades o mentiras, cosas buenas o malas, importantes o triviales, agradables o desagradables. La palabra está siempre cargada de un contenido o de un sentido ideológico o vivencial (Bajtín, 1986, p. 95).

El dialogismo es el permanente diálogo entre los diversos discursos que configuran una sociedad, una comunidad, una cultura. El lenguaje es, por lo tanto, en esencia dialógico y complejo, pues en él se imprimen históricamente y por el uso las relaciones dialógicas de los discursos.

La ontología dialogal como la ontología de la Teoría de las Representaciones Sociales

La relación de interdependencia simbólica y comunicativa *ego / alter / objeto*, o del *yo / otros* es considerada como punto de partida en la Teoría de las Representaciones Sociales. Esta tríada presenta una interacción estrecha y constitutiva de la existencia del yo y del otro, o sea, del sujeto. Involucra complejos fenómenos de reconocimiento social.

Esta interdependencia se vincula con el concepto de *tema* –o *thematas*– desarrollado por Moscovici y Vignaux (2000) para dar cuenta del origen de las representaciones sociales. El término, tal como es empleado por los autores, se traduce en un desdoblamiento teórico-epistemológico del concepto de representaciones sociales a medida que su análisis permite la comprensión del pasaje del nivel microsociológico al macrosociológico.

En tanto categorías relacionales, emergen en el diálogo, a través de antinomias presentes en el pensamiento de todas las culturas. Surgen en el sentido común y se trasmiten de un modo irreflexivo de generación en generación. Pertenecen al discurso público y a través de la problematización generan una mayor cantidad de representaciones sociales relacionadas con el objeto del diálogo. Como señalan Moscovici y Vignaux:

> La noción de tema indica que la posibilidad efectiva de sentido excede lo concretado por los individuos o realizado por las instituciones [...] se preservan siempre como fuentes constantes de nuevos sentidos o combinaciones de sentidos (2000, p. 224).

Marková aporta el concepto de *dialogicidad* a la construcción conceptual de la Teoría de las Representaciones Sociales. Concibe a la mente humana como un "fenómeno histórico y culturalmente constituido en comunicación, tensión y cambio" (2006a, p. 53). Sostiene así que las realidades sociales son creadas por la mente humana en una relación marcada por el conflicto, en el que los sujetos intentan confirmar su perspectiva y modificar la perspectiva del otro (relación dialógica ego-alter), a través de un complejo proceso de comunicación (dialogicidad).

Las antinomias de pensamiento tienen una naturaleza simbólica que permite el cambio del sistema representacional a partir de discusiones y disputas. Son arquetipos o preconcepciones, ideas-fuerza enraizadas en la historia colectiva, que reiteran ciertos contenidos socialmente construidos. Se presentan como categorías antinómicas relacionantes. Es decir, que están basadas en el respeto mutuo, dispuestas a negociar sus posiciones. El diálogo es una comunicación en la cual los participantes que se confirman como *coautores* discuten, luchan por sus ideas y negocian esas antinomias.

En el pensamiento del sentido común, algunas antinomias pueden operar desde lo implícito y no llegar a hacerse explícitas. Éstas se convierten en *themata* sólo cuando se hacen públicas, es decir, cuando pasan a ser parte de nuestro conocimiento activo. Esto se denomina *thematización* y, sólo cuando se produce ese proceso, se generan las condiciones para la construcción de representaciones sociales. Determinadas circunstancias sociohistóricas condicionan el pasaje de lo implícito a lo explícito, lo que, en términos de Moscovici, se denomina como existencia de un conflicto de importancia social del objeto.

Al estudiar la experiencia de los maestros[13] en su rol docente, aparecen sistemáticamente *themata* que ponen en oposición la práctica docente en polaridades simultáneas: "cielo" o "infierno", bueno-malo, nuevo-viejo, placentero-displacentero. El eje temático de la profesionalización / profesión aparece anclado en una polarización entre los aspectos relativos a la vocación como sostén del quehacer docente, basado en los mandatos sociales de los otros significativos, y la necesidad de capacitación asociada a un malestar docente efectivizado en la práctica cotidiana, que son vividos en una dimensión de mayor complejidad, relacionada con la conciencia crítica de la realidad (Seidmann *et al.*, 2009a).

En nuestras investigaciones encontramos que en el proceso de objetivación de la representación social del trabajo docente aparece una tensión entre vocación y profesionalización. Las palabras de los participantes transmiten

---

[13]   Investigación Pétalo-Equipo de Buenos Aires asociada al Proyecto desarrollado por el CIERS-Ed, de la Fundación Carlos Chagas, San Pablo: "Representaciones Sociales del Trabajo Docente".

la idea de que ser docente es un "don" de características "innatas". Este es el núcleo figurativo de la vocación docente. Con relación a la profesionalización se destaca la idea de "capacitación" y "esfuerzo personal", como logro adquirido, antinómico a lo innato. Se produce una dicotomía argumentativa en los mismos sujetos (Seidmann *et al.*, 2009b).

Marková (2006b) propone que las ciencias humanas y sociales son multifacéticas, polifónicas, reflexivas, históricas, sociales y vinculadas culturalmente, en el acto del encarar la mente y el lenguaje. Así, la dialogicidad puede pensarse como la característica de la ontología y de la epistemología de las representaciones sociales: tanto el sujeto como sus conocimientos se construyen, circulan y modifican en la comunicación.

Hacia nuevas fronteras

Una psicología social de la educación involucra un sujeto y un objeto de conocimiento. La consideración del objeto nos lleva a ciertas preguntas: ¿quién es el sujeto de la educación? ¿Y qué tipo de sujeto es? Esta interrogación involucra una *construcción social*: ¿quién es? ¿Cómo vive? ¿Cómo se constituye permanentemente? ¿Cómo cambia? Las respuestas nos derivan a diversos debates y saberes acerca de los sujetos en la escuela como contexto social.

La construcción del sujeto de la educación también implica una consideración ternaria. La trama de interacciones intersubjetivas entre los diferentes actores sociales, docentes, alumnos, escuelas o políticas públicas, se traduce en modificaciones que afectan el pensamiento y las prácticas. Es este el escenario de emergencias y transformaciones de las representaciones sociales, en un encuentro dialógico de saberes.

Marková (2006c) sostiene que la superación de la dicotomía individual-social conduce al ejercicio de una "ontología dialogal" ego / alter, en la que cada elemento constituye al otro y dicha relación establece la unidad primaria de análisis de los contextos intersubjetivos. Son "categorías relacionantes" cambiantes y antinómicas, trasmitidas entre las generaciones como parte del discurso público no reflexivo, insertas en la cultura de la cotidianeidad. Surgen, de este modo, restricciones referidas a modelos del pasado y del presente que reorientan las formas habituales del pensamiento y la comunicación.

Cuando se piensa en términos de relaciones, los *themata* son constitutivos de las representaciones sociales. Éstas permiten organizar y darle soporte concreto a la realidad en los diferentes contextos interaccionales, más allá de la conciencia reflexiva acerca de los conocimientos que en ellos circulan. De aquí existe una representación social del sujeto "maestro" como aquel cuya conducta está guiada por la oposición "vocación / profesión", sin implicar una problematización que permitiría un cambio representacional dinámico.

Esta antinomia se hace presente en las prácticas educativas cotidianas vinculada al reconocimiento del yo a partir del otro, y recíprocamente cada uno reconoce al otro en el diálogo. "Las representaciones sociales basadas en el reconocimiento social, están por lo tanto, basadas en el conocimiento mutuo del *otro* y el *yo*" (Marková, 2006c, p. 62). De acuerdo con esto, las representaciones sociales de los diversos sujetos de la educación son principios organizadores de las posiciones adoptadas entre los actores sociales, que van ligadas a las maneras en que se insertan en un conjunto definido de interacciones (Doise, 1985).

La constitución del sujeto social –individuo o grupo– en y por la relación constituye el tema prioritario de la psicología social. Se destacan aquí las dimensiones subjetiva, intersubjetiva y transubjetiva de las representaciones sociales, que constituyen sus esferas o universo de pertenencia (Jodelet, 2008).

[De acuerdo a su génesis y sus funciones] las representaciones sociales se pueden relacionar con sus tres esferas de pertenencia: la de la subjetividad, la de la intersubjetividad y la de la transubjetividad [...]. Los diferentes aspectos de la vida cotidiana se desarrollan en un contexto de interacción y de inscripción. La noción de inscripción subsume dos tipos de procesos cuya importancia es variable según la naturaleza de los objetos y de los contextos considerados. Por una parte, la participación en una red de interacciones con otros a través de la comunicación social: modelo de la triangulación ego-alter-objeto propuesto por Moscovici (1985). Por otra parte, la pertenencia social, definida en diferentes niveles: el del lugar en la estructura social y de la posición en las relaciones sociales, el de la inserción en grupos sociales y culturales que definen la identidad, y el del contexto de vida en el que se desarrollan las interacciones (Jodelet, 2008 p. 38).

La participación en una red de interacciones con otros corresponde a lo que se definió como cotidianeidad, mientras que la pertenencia social está vinculada a la vida cotidiana entendida como resultado estructural.

Considerar una estructura triangular aludiendo a todo lo previo nos posibilita pensar en la construcción del sujeto de la educación recurriendo al modelo propuesto por Jodelet, de esferas que se encuentran en zonas de intersección:

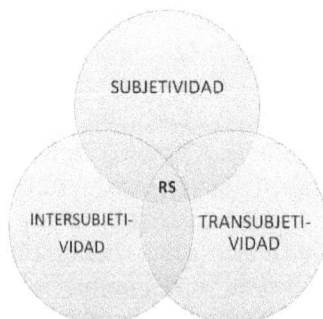

En este sentido, en el campo de la educación, se relacionan múltiples procesos triangulares que conforman, a través de las relaciones antinómicas, los fenómenos de identidad, otredad y alteridad.

Desde la perspectiva de la Psicología Social, la noción de identidad expresa el resultado de interacciones recíprocas entre la persona, los otros y la sociedad. La conciencia social que la persona logra de sí misma como construcción representativa del yo en su relación con los otros y la sociedad es una actualización, a nivel individual, de un cierto número de componentes sociales. Tal como sostiene Jodelet (2002):

> En el contexto intersubjetivo, la identidad se constituye a partir de la otredad –del reconocimiento de otro diferente de mí– y a partir de la alteridad –como producto y proceso de construcción y de exclusión social (p. 47).

En síntesis, en el entramado de la construcción conceptual, el sujeto de la educación surgiría así a partir de definiciones en oposición y en implicación entre los fenómenos relacionales de la interdependencia social.

Referencias

Alvaro, J. L. y Garrido, A. (2003), *Psicología Social. Perspectivas psicológicas y sociológicas*, España, Mc Graw Hill.

Bajtín, M. y Volochinov, V. (1986), *Marxismo e filosofia da linguagem*, San Pablo, Hucitec. Trad. del francés de Michel Labud y Yara Frateschi Vieira, 3ª ed.

Banch, M. A. (2006), "Las representaciones sociales como perspectiva teórica para el estudio etnográfico de comunidades" en Valencia Abundiz, S. (coord.), *Representaciones sociales. Alteridad, epistemología y movimientos sociales*, México, Universidad de Guadalajara, Centro Universitario de Ciencias de la Salud, pp. 201-228.

Bernardes, J. (1998), "História", en M. Neves Strey *et al.*, *Psicología Social Contemporânea*, Petrópolis, RJ, Vozes, pp. 19-35.

Blanco, A. (1988), *Cinco tradiciones en la psicología social*, Madrid, Morata.

Danziger, K. (1979), "The Social Origins of Modern Psychology", en A. R. Buss (ed.), *Psychology in Social Context*, Nueva York, Irvington Publishers, pp. 25-44. Disponible en línea: www.elseminario.com.ar (consulta: 10-2004).

Doise, W. (1985), "Las relaciones entre grupos", en Moscovici, S. (1985), *Psicología Social I. Influencia y cambio de actitudes. Individuos y grupos*, Buenos Aires, Paidós.

Estramiana, J. L. (1995), *Psicología Social: perspectivas teóricas y metodológicas*, Madrid, Siglo XXI.

Farr, R. (1996), *The Roots of Modern Social Psychology*, UK, Blackwell Publishers,

Foucault, M. (1976), *Las palabras y las cosas: una arqueología de las ciencias humanas*, Buenos Aires, Siglo XXI.

Ibáñez Gracia, T. (1985), Prólogo a la edición española, en Moscovici, S. (1985), *Psicología Social I. Influencia y cambio de actitudes. Individuos y grupos*, Buenos Aires, Paidós.

Jodelet, D. (1986), "La representación social: fenómeno, concepto y teoría", en Moscovici, S., *Psicología Social II*, Buenos Aires, Paidós.

Jodelet, D. (2002), Entrevista a Denise Jodelet, *Relaciones*, 24, 93, pp. 15-134. Disponible en línea: http://redalyc. uaemex.mx/redalyc/pdf/137/13709306.pdf (consulta: 06-2008).

Jodelet, D. (2006), "El otro, su construcción, su conocimiento" en S. Valencia Abundiz, *Representaciones Sociales. Alteridad, Epistemología y Movimientos sociales,* México, Universidad de Guadalajara, Centro Universitario de Ciencias de la Salud, pp. 21-42.

Jodelet, D. (2008), "El movimiento de retorno al sujeto y el enfoque de las representaciones sociales", *Cultura y Representaciones Sociales.* 3, 5, pp. 32-63. Disponible en línea: http://www.culturayrs.org.mx/revista/num5/jODELEt.html

Marková, I. (2006a), *Dialogicidade e representações sociais: as dinâmicas da mente,* Petrópolis, RJ, Vozes (edición original del año 2003).

Marková, I. (2006b), "On 'the inner Alter' in Dialogue", *International Journal for Dialogical Science,* 1 (1), pp. 125-147.

Marková, I. (2006c), "Sobre las formas de interacción del reconocimiento social", en S. Valencia Abundiz (coord.), *Representaciones sociales. Alteridad, epistemología y movimientos sociales,* México, Universidad de Guadalajara, Centro Universitario de Ciencias de la Salud, pp. 43-77.

Mead, G. (1938), *Philosophy of the Act,* Chicago, Chicago University Press.

Mead, G. (1968), *Espíritu, persona y sociedad,* Barcelona, Paidós (edición original del año 1934).

Moscovici, S. (1979a), *El Psicoanálisis, su imagen y su público,* Buenos Aires, Editorial Huemul (edición original del año 1961, Presses Universitaires de France).

Moscovici, S. (1979b), *Psychologie des minorités actives,* París, Presses Universitaires de France.

Moscovici, S. (1985), *Psicología Social I. Influencia y cambio de actitudes. Individuos y grupos,* Buenos Aires, Paidós.

Moscovici, S. (1988), "Notes towards a Description of Social Representations, *European Journal of Social Psychology,* 18, pp. 211-250.

Moscovici, S. (2000), "Sociedade e Teoria em Psicologia Social", en Moscovici, S. (comp.), *Representações sociais.*

Investigações em psicologia social, Petrópolis, RJ, Vozes, pp. 11-166.

Moscovici, S. (2002), Conferencia en video: A teoria das Representações Sociais e a Psicologia Social. Video VHF, Pontifícia Universidade Católica de São Paulo.

Moscovici, S. y Marková, I. (2003), "La presentación de las representaciones sociales: diálogo con Serge Moscovici", Castorina, J. A. (comp.), *Representaciones sociales. Problemas teóricos y conocimientos infantiles*, Barcelona, Gedisa.

Moscovici, S. y Vignaux, G. (2000), "O conceito de *themata*", en Moscovici, S. (comp.), *Representações sociais. Investigações em psicologia social*, Petrópolis, RJ, Vozes, pp. 215-250.

Seidmann, S. (2000), *Historia de la Psicología Social*, Buenos Aires, Facultad de Psicología, UBA, ficha Oficina de Publicaciones.

Seidmann, s.; Thomé, S.; Azzollini, S. y Di Iorio, J. (2009b), "Las representaciones sociales del trabajo docente: el lugar de la idealización y la experiencia, la vocación y la profesionalización. El desafío de la formación", en C. Prado de Sousa; L. Pardal y L. Villas Bôas (orgs), *Representações Sociais sobre o trabalho docente*, Portugal, Aveiro, Universidade de Aveiro, pp. 159-170.

Seidmann, s.; Thomé, S.; Azzollini, S. y Di Iorio, J. (2009a), "Aportes de la investigación sobre representaciones sociales acerca de la profesionalización docente: una exigencia contemporánea", *Educação e Contemporaneidade. Revista da FAEEBA*, 18, 32, pp. 73-82.

Smith, R. (1997), *The Norton History of the Human Sciences*, Nueva York, Norton. Traducción: Ana María Talak. Revisión: Hugo Vezzetti y Alejandro Dagfal (ficha de cátedra, Facultad de Psicología, UBA).

Capítulo 3
El análisis retórico en la investigación sobre representaciones sociales

Tarso Mazzotti y Alda Judith Alves-Mazzotti

Las prácticas que ocurren en las instituciones escolares están condicionadas por creencias, valores, modelos y símbolos que circulan dentro de ellas y que la psicología social denomina representaciones sociales. Estas representaciones son creadas y mantenidas en contextos de conversación en los cuales se utilizan argumentos que pretenden persuadir, pudiendo, por tanto, ser comprendidas de una mejor forma por medio del análisis retórico. Este tipo de análisis considera el contexto en el que se produce el discurso y expone las técnicas argumentativas que instituyen lo que se dice como la realidad para el grupo, pudiéndose inferir de ello lo que el sujeto (individuo o grupo) valoriza, o, dicho de otra forma, lo que considera preferible hacer o tener. En este capítulo, los autores proponen y justifican el uso del análisis retórico en la identificación de las representaciones sociales así como en otras áreas de la psicología social. El capítulo contiene cuatro partes: (a) breve exposición del abordaje de las representaciones sociales y su importancia actual dentro del campo de la Educación; (b) confluencias teóricas entre la Teoría de las Representaciones Sociales y el análisis retórico; (c) principales técnicas del análisis retórico; y (d) consideraciones finales.

Importancia del estudio de las representaciones sociales en el campo de la Educación

En las sociedades contemporáneas, la educación existe con un grado y escala creciente dentro del medio social más amplio, a través de un número cada vez mayor, más diversificado, de grupos de referencia, y mediante los más diversos medios de comunicación y de dispositivos informáticos. La inestabilidad y la transitoriedad, frutos de la rapidez con que ocurren los cambios en este mundo globalizado, lanzan a los individuos a titubear acerca de sus creencias y valores, exigiendo que construyan y reconstruyan sus representaciones, para así adecuarse a los nuevos patrones que se instituyen en el contexto en el que viven. Tales características de la cultura contemporánea se encuentran también presentes en los fenómenos educativos, dentro y fuera de las aulas, provocando conflictos aún no comprendidos, discutiendo las funciones de las instituciones escolares y el papel del profesor. En este sentido, el estudio de las representaciones sociales que afectan a los procesos educativos se transforma en un instrumento valioso para la orientación de las políticas y prácticas escolares, en la medida en que permite investigar cómo se forman y cómo funcionan los sistemas de referencia que los diferentes actores sociales utilizan para atribuir significado a los objetos, a los grupos y situaciones que forman parte de su vida cotidiana y a asumir sus puntos de vista sobre ellos. El conocimiento de los significados atribuidos por alumnos y profesores, tanto acerca de los contenidos a ser enseñados, cuanto acerca de los objetos más relevantes de sus percepciones del mundo, puede contribuir de modo significativo para una mayor eficacia de la enseñanza y para disminuir la selectividad ejercida por el sistema escolar.

De manera sucinta podemos decir que el concepto de representación social se refiere a una forma de conocimiento socialmente elaborado y compartido que nos ayuda a aprehender los objetos que forman parte de nuestra vida cotidiana, a dominar el ambiente, a comunicar hechos e ideas, y a situarnos ante las personas y los grupos, orientando y justificando nuestro comportamiento con relación a los objetos y grupos representados. Se trata, pues, de una psicosociología del conocimiento, una producción mental social, como el mito, la ciencia, la religión, distinguiéndose de éstos precisamente por sus modos de elaboración y funcionamiento en las sociedades contemporáneas, marcadas por la pluralidad de modelos, normas y doctrinas y por la rapidez con que las informaciones se generan y transmiten, suscitando nuevas indagaciones e inquietudes. Estos interrogantes emergentes exigen con frecuencia, al afectarnos de alguna forma, que busquemos comprenderlas, aproximándolas a aquello que ya conocemos, conversando sobre ellas, haciendo juicios de valor y tomando posiciones que consideramos coherentes con los valores y creencias que circulan entre nuestros grupos de pertenencia y de referencia. En esas conversaciones se negocian los significados que permiten establecer, en el ámbito de los grupos, consensos acerca de los objetos sociales que les parecen relevantes. Así, son producidas de manera colectiva las representaciones que pasan a formar parte del repertorio de dichos grupos, no siendo ya más consideradas como simples opiniones, sino como verdaderas "teorías" de sentido común, construcciones esquemáticas que tienen por objetivo comprender la complejidad del objeto, facilitar la comunicación y orientar y justificar conductas, así como forjar la identidad del grupo y el sentimiento de pertenencia (Moscovici, 1976; Jodelet, 1990; 2000).

Confluencias entre el abordaje de las representaciones sociales y el análisis retórico

De acuerdo con el abordaje de las representaciones sociales, la identidad y la cohesión de los grupos sociales se basa en cierto número de creencias, colectivamente generadas e históricamente determinadas, que no pueden ser puestas en duda ya que constituyen el fundamento del modo de vida y del sistema de valores del grupo. Para mantenerlas, se recurre a discursos que censuran determinadas conductas y alaban otras, conduciendo a los oyentes a reafirmar lo que consideran que es preferible hacer o tener. Estas y otras situaciones, que en la actualidad denominamos psicosociales, fueron examinadas por especialistas del arte político, aun en la Grecia antigua, en especial por los Sofistas, llegando a constituir la Retórica, sistematizada en el siglo V a. C. por Aristóteles.

La censura y la reiteración de lo que se prefiere hacer o tener constituyen la base sobre la cual se delibera respecto de la vida social. En las sociedades tradicionales, la deliberación busca conseguir el consenso, efectivo o impuesto, garantizando al opositor alguna manera de "salir bien parado" (Kennedy, 2001, p. 138). El consenso, el *êthos,* en la terminología griega, está constituido por un conjunto de enunciados usualmente compuestos por mitos, narrativas, fábulas que orientan las acciones. Con la instauración de la democracia griega en el siglo V a. C., el género judicial y los procedimientos de deliberación en las asambleas pasaron a ser formalizados, lo que derivó en una necesidad social: los ciudadanos que no tenían habilidad en la oratoria precisaban aprenderla para defender sus puntos de vista con eficacia.

La disciplina *Retórica* surgió, pues, de la necesidad de formar personas capaces de argumentar y contraargumentar en las asambleas y tribunales, ya que no existían abogados profesionales, ni un sistema político representativo. La institución de esta disciplina, inicialmente un conjunto de modelos y procedimientos desorganizados, fue sistematizada por Aristóteles, que definió su objetivo: persuadir o convencer a las llamadas audiencias (oyentes, lectores, espectadores).

La situación retórica envuelve al orador,[14] al discurso, y a las audiencias, y éstos son necesariamente activos, pues deben deliberar acerca del discurso y del carácter del orador. El orador procura presentarse como una persona honrada, serena, ponderada, imprimiendo estas cualidades en su discurso, y es juzgado a partir de la identificación de la audiencia con los valores implícitos o explícitos de dicho discurso, más que por sus cualidades argumentativas. El orador no tiene todo el poder, no consigue persuadir en el caso que no se adapte a las características de las audiencias. Podemos decir, por lo tanto, que el orador reconocido como representante legítimo de un grupo social es un líder, un portavoz, una autoridad, y que el grupo participa junto con el orador en la composición del discurso.

Los procedimientos retóricos, o técnicas retóricas, son discursivos, son modos de organizar las proposiciones. La coacción, los testigos, no son retóricos, son extratécnicos, como decía Aristóteles. En deliberaciones judiciales son requeridas "evidencias" no retóricas, sin embargo, ellas sólo ganan fuerza argumentativa cuando están organizadas de manera apropiada. Si algo "habla por sí mismo" no existe ningún problema, no hay sobre qué deliberar. Algunos afirman que el discurso *epidíctico* (del griego *epideiktikós*), género retórico en que se alaban y censuran valores –como en los discursos fúnebres–, es un discurso vacío, no viene

---

14   El orador es aquí entendido en su sentido lato, como aquel que "habla" para una audiencia (individuo o grupo) utilizando los más variados soportes (la palabra, hablada o escrita; el gesto; la imagen).

acompañado de ningún problema. Sin embargo, dicho discurso implica un problema: el de la necesidad de garantizar la unidad del grupo al cual está dirigido dicho discurso. En una ceremonia fúnebre no se alaba al muerto, sino los valores que cualquier persona de la comunidad debe preservar. En resumen, en el discurso *epidíctico* lo que está puesto en cuestión son los valores presentes en el discurso, los cuales son evaluados por los oyentes, que deciden si se identifican o no con ellos.

De este modo, en el análisis retórico no se supone que los discursos estén fuera del contexto, vacíos de contenidos y formales; al contrario, se considera que dichos discursos están siempre marcados por el contexto de su enunciación. Utilizadas de forma consciente o no, las técnicas retóricas pretenden exponer significados compartidos por los miembros de un determinado grupo y, en parte, por todas las personas. Aunque, como vimos, dichas técnicas hayan sido codificadas por especialistas desde el siglo V a. C., por razones históricas, la retórica como conocimiento fue dividida en dos tipos: la retórica de las figuras del lenguaje, que sería la apropiada para la literatura y otras expresiones artísticas similares; y la retórica aplicada para fines propagandísticos y publicitarios, especialmente la de los políticos. Esta separación impidió, durante varios siglos, que se reconociese que la técnica retórica no se reduce a lo que ella fue convertida: un arte del deleite o del convencer a las personas mediante el discurso. Ciertamente, el arte retórico se encuentra en cualquier situación dialógica, en especial en las deliberativas, de las cuales participan los públicos o audiencias.

La restauración de la integridad de la retórica como conocimiento de los límites de la técnica de persuadir ocurrió en 1958, cuando apareció el "Tratado de la argumentación: la nueva retórica", de Chaïm Perelman y Lucie Olbrechts-Tyteca (1996 [1958]), que recuperó la idea, ya presente en Aristóteles, de que la situación retórica es en esencia social y que el discurso está siempre instituido en el grupo, incluso cuando dicho grupo no está concretamente presente en la situación.[15] A partir de esta renovación de la retórica, queda evidente que no se puede analizar una situación comunicativa aislando a cualquiera de sus partes constituyentes; al contrario, se afirma o que la estructura del discurso determina los significados; o que el orador es todopoderoso, siendo capaz de convencer a cualquier audiencia; o aun que la audiencia sea impermeable a cualquier discurso. Dicho de otra manera, no se puede analizar un discurso reduciéndolo a su estructura, una vez que, al hacerlo de este modo, se pierde su significado.

La negación de los significados como condición necesaria para la comunicación es también resaltado por Michel Meyer (2004, p. 123), discípulo de Perelman, al definir la retórica como "la negociación de la diferencia entre individuos con respecto a una cuestión". La definición propuesta por Meyer permite comprender la situación retórica de forma "objetiva", ya que las intenciones reales o supuestas del orador (escritor, cineasta, pintor, músico o cualquier otro emisor) sólo pueden ser expuestas por medio del análisis del contexto retórico que rodea al orador, a la audiencia y al medio de comunicación. Esta relación ocurre cuando hay una cuestión que puede "revelar un problema práctico que requiere la acción, presentando la particularidad de separar a los individuos, a veces colocándolos en oposición", dice Meyer (2004, p. 124).

El problema de la comunicación requiere, por lo tanto, que se negocien los significados asumidos por las personas

---

[15] El autor de un libro, de una pieza de teatro o de una película casi siempre recuerda una audiencia. Pero incluso cuando el autor dice que escribe o filma apenas para expresarse sin pensar en una audiencia, el mensaje que contiene la obra será necesariamente apropiado mediante un diálogo entre el autor y el lector o espectador.

y grupos sociales ante una cuestión que exige una decisión, o cuando hay "una presión para la inferencia", como describe Moscovici (1976, p. 262) al exponer la correspondencia entre una situación social y el funcionamiento del sistema cognitivo que da origen a la representación social de un objeto. En este sentido, el "viraje a la retórica" (Mazzotti, 2008) ofrece un instrumento precioso para la psicología social, en especial para la investigación de las representaciones sociales, tal como Moscovici las define. Esto es así porque las representaciones sociales están siempre situadas, constituyéndose por medio de negociaciones de significados que implican asumir determinadas posiciones, tal como se hace cuando se delibera en una situación retórica.

La confluencia conceptual entre el análisis retórico y el abordaje de las representaciones sociales se hace más evidente cuando se considera que éstas son "sistemas que tienen una lógica y un lenguaje particulares, una estructura de implicaciones que se sustenta más en valores que en conceptos" (Moscovici, 1976, p. 48). Como vimos, tanto en la propuesta de Perelman, como en la de Meyer, los actos retóricos también se orientan por juicios de valor, por el tópico de las preferencias, que instituyen lo real para los grupos sociales. Lo mismo se encuentra en la sociolingüística y en la pragmática, pues, en ambos casos, son los valores quienes instituyen la diferencia entre las personas (Lavelle, 1955), orientando respecto a lo que necesita ser negociado para mantener la integridad del grupo. Así, lo que se considera correcto y verdadero es lo que se habla, lo que se está permitido hablar. Como afirma Moscovici (1976, p. 232):

> La imbricación del conocimiento y de la lengua en la comunicación se realiza entre los hechos sobre los cuales estamos más seguros: "Las formulaciones simbólicas no pueden ser separadas del comportamiento global y del pensamiento" (Lagache, 1934, p. 32). Se podría decir que ello es aún más

verdadero para la sociedad: conocer socialmente una cosa equivale a decirla.

Para Moscovici, conocer es, pues, un acto de hablar, una afirmación que se encuentra, en el espacio conceptual de la sociolingüística, tal como leemos en Calvet (2002, p. 161):

[En el caso que se] lleve en serio la afirmación ampliamente aceptada, de que la lengua es un hecho (o un producto) social, *entonces la lingüística sólo puede ser definida como el estudio de la comunidad social en su aspecto lingüístico.* (Destacado en el original.)

Concluyendo, el análisis retórico es realizado por medio de técnicas argumentativas, de las cuales la más general es la que establece lo que se considera lo real, o lo que podemos llamar la representación social de las cosas del mundo. Estas técnicas recurren a esquemas generales respecto de la estructura de lo real y operan por medio de la comparación o de la analogía entre nociones para establecer aquellas consideradas expresiones correctas de la realidad. La sociedad, los grupos sociales, las asambleas establecen los significados por medio de negociaciones teniendo por base procedimientos más o menos conocidos por sus miembros.

Considerando las confluencias apuntadas, proponemos utilizar, en la investigación de las representaciones sociales, el instrumental del análisis retórico. En esta perspectiva, la investigación de los significados atribuidos por los grupos sociales a las cosas de su entorno, condición necesaria para el análisis psicosocial, se sirve de discursos, en los cuales las personas utilizan las técnicas de la retórica, de manera consciente o no. Pero el análisis de los procesos de producción de dichos significados exige que éstos estén situados en el ámbito de los grupos sociales, donde esos significados se negocian. En las negociaciones de los significados que constituyen la representación social de un objeto, las personas asumen, de forma alternada, posiciones de orador y de audiencia, lo que permite la utilización del análisis retórico para la aprehensión de los significados de esas representaciones para el grupo. Veamos, entonces, las características del análisis retórico por medio de sus principales técnicas.

Técnicas de análisis retórico

Perelman y Olbrechts-Tyteca (1996) consideran tres esquemas argumentativos: la disociación de nociones, los que producen metáforas y los que utilizan metonimias. A estos esquemas agregamos los que ponen en cuestión las afirmaciones basadas en lo que se dice ser real, es decir, la ironía, ya que ésta, al contradecir una afirmación hecha, ofrece un contrapunto que ayuda a comprender el sentido del discurso. Además de estos esquemas, existen los que proporcionan los puntos de partida, o premisas de los argumentos, que son genéricos o comunes: los lugares de las preferencias. Examinaremos, a continuación, cada uno de estos esquemas.

Disociación de nociones

Este es el caso en que una noción tradicionalmente presentada como unitaria es dividida en dos términos, donde el segundo término controla los significados del primero. Un ejemplo, usual en la filosofía y en los discursos acerca de la educación, es la noción de *conciencia*, y ella se refiere siempre a alguna cosa, siendo la inconciencia su opuesto. Sin embargo, en el discurso filosófico, la conciencia es presentada como algo divisible en *conciencia ingenua* (término I) y *conciencia crítica* (término

II), y no se refiere a alguna cosa, se presenta como una entidad casi natural. El término II (conciencia crítica) presenta todas las buenas cualidades que el locutor juzga pertinentes, y éstas son exactamente las que faltan en el término I (conciencia ingenua). El mayor valor de la conciencia crítica, si fuera admitido por la audiencia, hará que se introduzca una diferenciación entre las personas: las ingenuas (la mayoría de la población) y las críticas (las del grupo al que pertenece el orador y del cual la audiencia es convocada a formar parte). La misma técnica se utiliza para decir que el conocimiento común, el sentido común, es inferior al conocimiento crítico, sin decir a qué se refiere ese conocimiento, cuál es el asunto en cuestión.

Un ejemplo más: profesor se refiere a una situación particular, la de la enseñanza. Fuera de esa situación, una persona no es profesor, salvo por ser así llamada por los otros. Estrictamente, sólo se es profesor en la relación pedagógica reconocida por otros, no importa si tiene o no un diploma. Vale aquí un criterio pragmático bien antiguo: aquel que es capaz de enseñar algún saber o técnica es un maestro (Aristóteles, *Metafísica*, 981b). Sin embargo, esa caracterización pragmática es rechazada cuando se introduce una disociación de nociones que establece un término II: profesor crítico, reflexivo; en la que el término I no presenta estas cualidades. Una vez admitida la disociación, se da inicio a un conjunto de argumentos que pretenden orientar y coordinar las acciones de las personas ante dicha situación, o sea, una representación social orientada por lo que se considera de mayor valor (para una exposición más amplia, ver Mazzotti, 2009).

Metáfora y metonimia

Si en la disociación de nociones se separaba para comparar, en la producción de metáforas y metonimias se toma lo que ya se encuentra separado para transferir significados entre sí. El tema, lo que se quiere conocer o resignificar, es comparado con el foro,[16] del cual son retirados los significados considerados pertinentes. En el caso en que el tema y el foro sean diferentes en género o especie, se obtiene una metáfora; en el caso contrario, el resultado será una metonimia. Comenius, en su *Didáctica Magna*, presenta una metáfora forjada por él: la didacografía. El arte de enseñar, la didáctica, fue comparada con la tipografía para condensar y coordinar los significados de su propuesta de organización de la enseñanza con el siguiente objetivo: enseñar todo a todos con la misma calidad. En la metáfora didacografía, la mente de los niños es como una hoja de papel en blanco en la cual son impresos los caracteres de las ciencias; la voz del profesor es la tinta; y la disciplina, la imprenta. Los caracteres de las ciencias son los libros didácticos, organizados según un orden que va de lo más simple a lo más complejo. Los libros didácticos son como partituras en la metonimia también creada por Comenius, que dice: los profesores son como pianistas que ejecutan la partitura que tal vez no sepan componer. ¿Por qué metonimia? Por comparar actividades humanas similares, así como modos semejantes de organizar el quehacer: la partitura y el libro didáctico. Las metáforas y las metonimias, cuando no son puramente ornamentales, actúan en los discursos coordinándolos y condensando los significados, teniendo la misma función de los modelos en las ciencias naturales, los cuales también son metáforas, aunque algunas ciencias se rehúsen a admitirlo (Black, 1972).

---

[16]   El término *foro* debe de ser entendido como la noción que se toma por comparación para transportar sus significados al *tema*.

Ironía

La figura de la ironía opera exponiendo las comparaciones para contradecirlas, no debiendo ser confundida con el sarcasmo, que se refiere a las personas. Como los demás esquemas de pensamiento, la ironía requiere de la cooperación de los oyentes o lectores para ser eficaz. Una obra escrita con el género irónico, al ser tomada por "literal", hace inocua la contradicción. Fue lo que ocurrió con la *Utopía* de Thomas Moro, que se transformó en una visión de futuro en la que no habría más lucha política, pues todo se encontraría en armonía, como se piensa el equilibrio orgánico. Se asume, entonces, que la vida social humana debe de ser como la orgánica, en que el todo determina sus partes, una metáfora muy antigua que se encuentra en diversos autores griegos y romanos. Además, si la utopía es irrealizable, la búsqueda para hacerla efectiva es inútil, sin embargo, funciona en el discurso como un ideal a ser alcanzado. En los discursos acerca de la educación escolar ese ideal impone tareas irrealizables, como la tarea de los profesores de ser los agentes de la transformación social en la búsqueda de una sociedad utópica. La ironía presentada como afirmación pierde su eficacia, pues la contradicción desaparece transmutándose en algo deseable.

Otro ejemplo de ironía, que expone la comparación implícita en una metáfora, fue tomado de una investigación realizada por Alves-Mazzotti (2005) para criticar los cursos de capacitación ofrecidos por la Secretaría de Educación, en la época denominada de "reciclaje", y que cambiaban con cada gobierno. Una profesora comentó: "A quien le gusta el reciclaje es la basura", añadiendo que parecía que ellas, las profesoras, eran vistas como latas de basura, pues iban colocando temas que, en el gobierno siguiente, ya no servirían para nada.

En la ironía se produce una situación cómica debido a la exposición al foro de la comparación. La ironía no precisa traer consigo una respuesta, más bien coloca un interrogante, requiriendo alguna reflexión respecto de la figura que buscó instituir un significado y un sentido de actuación, para lo que se considera preferible. Examinemos entonces el lugar de las preferencias que instituyen los puntos de partida de los discursos.

Los lugares de las preferencias

Para el lector contemporáneo, el término "lugares de las preferencias" resulta extraño, pero para los antiguos designaba los argumentos genéricos o comunes, a favor o en contra, que estarían metafóricamente disponibles en estanterías o cajones, y por ello serían "lugares" (*topoï*). Preferencias son, como el nombre indica, aquellas cosas que las personas consideran mejores, buenas, útiles en una determinada situación. En la nomenclatura contemporánea utilizamos raramente los términos "preferencia" y "deseable", pues, en el inicio del siglo XX, el vocabulario filosófico los sustituye por la palabra "valor", para indicar lo que vale la pena hacer o tener. Ocurre que el término "valor" ha sido utilizado de manera indeterminada, como una "palabra valija" (donde todo cabe). Incluso –lo más importante– dicha palabra deja de explicitar, como hacían con ella los antiguos, la variedad de esquemas argumentativos.

Las preferencias o los argumentos preferibles son aquellos ya preparados para su uso cuando se procura defender o atacar una determinada posición, constituyendo las premisas o puntos de partida de cualquier tipo de discurso. La división en tópicos de los preferibles los clasifica en las siguientes categorías: (a) de la cantidad; (b) de la cualidad; (c) de lo irreparable; (d) del orden; (e) de lo existente; (f) de la esencia o de lo típico. Examinemos, de forma sumaria, cada uno de ellos.

Los *lugares de cantidad* afirman que algo es mejor que otra cosa por razones cuantitativas. Es una premisa, por lo general sobreentendida, que sustenta una conclusión: más es mejor; o menos es mejor. Por ejemplo: es mejor tener mucho dinero que nada; el que atiende a muchos objetivos es mejor que el que atiende a pocos; lo permanente es mejor que lo efímero. A cada uno de estos lugares se le pueden oponer otros: es mejor tener menos dinero y mucha salud; el que atiende a pocos objetivos es mejor que el que atiende a muchos irrealizables; es mejor una enfermedad efímera que una permanente. El argumento con base en la cantidad sustenta ciertas concepciones de democracia participativa contra las cuales se afirma, por ejemplo, que la verdad es superior a la opinión de la mayoría. También aquí se encuentran los argumentos en que lo habitual es mejor que lo usual, para bloquear alguna propuesta de innovación. Por esa misma vía pasamos de lo normal a la norma, a lo normativo, lo cual resulta un error lógico, pero que resulta eficaz en las situaciones en que los criterios de la lógica no son tenidos en cuenta. Para oponerse a esta transición de lo normal a la norma es necesario descalificar lo normal, lo cual requiere otros lugares, como los relativos a la cualidad.

Los *lugares de cualidad* afirman que lo único, lo ejemplar, es mejor que lo que pertenece a muchos, que lo que es normal. Lo único se opone a lo usual, a lo habitual, a lo vulgar, a lo múltiple. Lo que es raro, único, es mejor por ser difícil de obtener, y por ello tiene más valor. Lo precario es correlativo de lo único, se opone a lo duradero, que obtiene un gran valor cuando la situación consiste en aprovechar el momento. Así, se puede argumentar que la música de masas es inferior; que la moda es para los pobres de espíritu.

Pero también se encuentra en la valorización del individuo frente a lo que se considera del colectivo.

Lo *irreparable* acentúa lo precario, pudiendo tener una gran fuerza argumentativa, pues amplifica una situación al transformar lo deseable temporalmente infinito, que dejará de serlo en el caso en que se destruya la cualidad que él posee. Se aplica a las personas, objetos o situaciones que, si fueran extinguidos, no podrían ser reparados. Ejemplos comunes se refieren a la preservación de especies amenazadas o a la imposibilidad de sustituir a un gran líder, un artista genial, o un profesional especialmente talentoso como se hace con una pieza de maquinaria.

Cuando se considera que lo anterior es superior a lo posterior, lo antiguo en relación con lo moderno, por ser el primero la causa del segundo; o por ser portador de los principios; o por presentar los fines y objetivos, se argumenta teniendo como base el *lugar del orden*. Por ejemplo, se dice frecuentemente que la escuela pública de nuestro tiempo era mucho mejor, ignorando todo aquello que no tenía; o, por el contrario, se acepta una teoría o una técnica como mejor que la anterior sólo porque es nueva, como si lo nuevo representase siempre un progreso, sin tener en cuenta que posibles avances traen problemas consigo, además de los que quedan sin resolver. Otro ejemplo: un principio legal determina el juicio de un acto afirmando que la ley es dura, mas es la ley. Al no considerar la situación que podría relativizar la aplicación de la ley, se niega la posibilidad de atenuación de una pena. Tal aptitud contraría a otro principio ético: el de la razonabilidad. Por eso, en el ámbito ético y judicial las disputas respecto de la procedencia del orden constituyen la jurisprudencia, resultado de negociaciones a veces seculares. La disputa respecto del orden, de la precedencia de principios o de finalidades, pone en evidencia los argumentos que se sustentan en el lugar de lo existente.

Los argumentos que afirman la superioridad o la inexorabilidad de lo *existente,* del ahora, de lo que se considera lo real o lo posible, rechazan los argumentos que se sustentan en finalidades o principios que se opongan a lo que se considera lo real. Este esquema requiere un acuerdo previo respecto a lo que se considera lo real, lo que da origen a muchas controversias. En caso de que haya acuerdo, entonces el argumento con base en lo existente puede tener una gran fuerza persuasiva. Por ejemplo, hasta hace bien poco tiempo había gobernantes que sustentaban que no era posible disminuir la emisión de dióxido de carbono porque la industria no podía parar, bajo la amenaza de abortar el desarrollo, causando el empobrecimiento de la población. En este caso, se considera lo existente como la única posibilidad, descartando, *a priori,* otras alternativas. En el ámbito ético o político, el ahora, las condiciones de existencia, son presentados para relativizar una regla, norma o ley, pues se considera imperativo verificar la situación en que se burló una norma. Una persona que haya cometido un delito ambiental por haber matado un animal para comer puede no ser castigada, pues la conservación de su vida, de su existencia, tiene un valor mayor que el delito que cometió. La vida del reo, en este caso, precede a la norma legal no atendida por la aplicación del principio de razonabilidad.

Finalmente, el lugar de la cualidad considera mejor los *típicos* de una categoría de seres por la comparación entre los que de ella participan, como el perro que presenta las cualidades consideradas propias de su variedad; o el jugador de fútbol considerado más completo. Se trata de los *lugares de la esencia,* pero los llamamos *lugares de los típicos* para no confundirnos con el esencialismo. Podemos citar como ejemplo el presentar como típico al más completo pianista, para que les sirva de modelo a los aprendices de piano. Cuando se amplifica el típico, éste puede presentarse como una conducta inalcanzable para "los demás mortales". Es el caso de las narraciones sobre héroes y santos, mediante los cuales se quiere infundir en el público la adhesión a valores considerados superiores. En el caso en que la amplificación sea vista como excesiva, las personas legítimamente pueden sustentar la imposibilidad de tomar al héroe o al santo como modelo de sus conductas. Si los profesores deben ser héroes capaces de transformar el mundo, entonces muchos de ellos pueden juzgar que esa tarea sobrepasa las fuerzas humanas y se rehusarán a realizar lo propuesto.

Función argumentativa de los lugares de los preferibles

Los lugares de los preferibles, como vimos, constituyen las premisas de los argumentos que se encuentran en el proceso de argumentación, estableciendo lo que se considera real. Luego operan por medio de los esquemas de disociaciones de nociones, de metáforas, de metonimias y de ironía. Por ejemplo, en el caso en que el orador sustente que la vida social humana es como un cuerpo que contiene sus partes (metáfora orgánica), como en la filosofía política de Platón, entonces juzgará preferible la subordinación de los individuos al todo (el cuerpo), afirmando el totalitarismo contra la democracia participativa. Los que afirman que la vida social humana emerge de las relaciones entre los individuos, sustentan el lugar de lo múltiple, cuya expresión política es la democracia participativa, como en Protágoras, el más conocido e importante de los sofistas contra los cuales Platón erigió su filosofía.

El análisis retórico opera por medio de los esquemas aquí presentados, exponiendo los argumentos centrales que coordinan las decisiones de las personas en sus grupos de pertenencia, lo que se facilita cuando hay una disputa explícita entre los grupos. Una vez que los adversarios saben por qué se oponen, conocen los argumentos que no pueden admitir. Una ilustración puede auxiliarnos: en los libros didácticos, la teoría del origen de las especies propuesta por Charles Darwin aparece como una escalera o un árbol donde el hombre ocupa el lugar más alto. En ellos la teoría de Darwin tiene apenas un operador: la selección natural que resulta de la casualidad. Los adversarios de Darwin le atacan afirmando que la casualidad no puede producir las formas superiores, exponiendo el núcleo argumentativo de la teoría, que es lo fortuito, lo no planeado y proponiendo la existencia de un "diseño inteligente". Tanto los libros didácticos como los opositores a la teoría darwiniana dejan de lado, suprimen, un operador relevante: la selección sexual. Para Darwin, en los animales sexuados hay una conducta de selección de la pareja. Estas selecciones tienen como resultado, en las diversas especies, un instinto social que, en la especie humana, genera una conducta contra la selección natural, ya que favorecemos a los más débiles. Por qué los autores suprimen la selección sexual en la difusión de la teoría de los orígenes de las especies es algo que debe de ser investigado.

No se trata, pues, de examinar los discursos según las normas de la gramática, ni por la frecuencia de las categorías, ni por las palabras asociadas (metonimias), sino de un examen de los argumentos colocados, procurando identificar los argumentos opuestos, ya que ellos están contenidos en los discursos de unos y de los otros.

Resumiendo, los actores sociales producen discursos respecto del mundo, material o social, por medio de comparaciones. Estas comparaciones pueden ser realizadas por la disociación de nociones, que divide en dos una noción tradicionalmente unida para instituir un término superior (el segundo). Después se recurre a alguno de los lugares de los preferibles, frecuentemente los cualitativos. Por la comparación entre nociones tradicionalmente separadas se pueden producir metáforas y metonimias. Las metáforas resultan de comparaciones entre seres diferentes en género o especie; las metonimias entre seres del mismo género o especie. Los preferibles, en el caso de estas dos figuras del pensamiento, se encuentran en lo que se escoge para comparar: el foro de la comparación. La ironía es la figura que desmonta la comparación, exponiéndola y contradiciéndola, sin necesariamente presentar alguna respuesta.

Pero los discursos usuales en la educación también están orientados por frases hechas, palabras con fuerte connotación o impactantes, por lemas o eslóganes. Examinemos, entonces, esa retórica abreviada.

La retórica abreviada

Reboul (1984; 1998) presentó un extenso estudio del lenguaje usual en la educación que recurre a los eslóganes, forma bajo la cual condensa las palabras impactantes, los lemas, las frases hechas, que componen lo que denominó "retórica abreviada" o "retórica sumaria".

El eslogan, que tipifica esta retórica, es un enunciado conciso, anónimo, extremadamente polisémico que moviliza a las personas a favor de una causa, y que es difícil de impugnar, pues no puede ser atacado, de ahí su eficacia. Se dirige a los más diversos grupos, se presenta como algo normal, natural. Al manifestar el eslogan "democratizar la escuela", con sus múltiples acepciones, nadie podrá oponerse, pues sería ridiculizado. El eslogan "aprender a aprender" es una contradicción, sin embargo, los más diversos grupos lo asumen con significados que establecen para sí.

El eslogan, en el lenguaje de la educación, propugna una causa, por lo tanto se opone a otras. El análisis y exposición de proposiciones de la retórica abreviada permite aprehender las razones que los grupos alegan para defender lo que consideran preferible hacer, o los valores que orientan sus prácticas. "En la práctica, la teoría es otra", es un eslogan muy usado por profesores y por muchos otros grupos profesionales; se pretende con él descalificar la formación recibida y afirmar el valor superior del hacer con respecto a teorías originadas en las ciencias. Se afirma la experiencia, lo experimentado, de lo cual surge una teoría diferente a aquella de los científicos. Sus significados se establecen en los grupos sociales que con ellos se identifican, sin que sea preciso hablar mucho. Son pensamientos preparados, *prête à penser*, según dice Reboul. El esquema conceptual de este eslogan es el del empirismo ingenuo, que permite afirmar, por ejemplo, que los pueblos primitivos tienen "conciencia ecológica" porque viven "próximos a la naturaleza". Expresa una representación social de los procesos de conocimiento. Sea cual fuera el registro, se niega la necesidad de las ciencias en el ámbito de cualquier quehacer, en particular en el escolar. Por lo tanto, la experiencia es necesaria y suficiente para el profesor.

Consideraciones finales

En este capítulo partimos del reconocimiento de la complejidad del mundo globalizado y de la consecuente necesidad de formar profesores aptos para lidiar con este nuevo escenario, apuntando el estudio de las representaciones sociales como esencial para alcanzar ese objetivo, en la medida en que éstas, por su carácter psicosocial y sus relaciones con las prácticas, permiten una mejor comprensión de lo que pasa durante las interacciones que ocurren en el espacio escolar. Pero, para que este abordaje sea eficaz, su estudio no puede resumirse a una lista de asociaciones de palabras desconectadas del contexto discursivo en el cual esas palabras significan, matizadas por los valores de quien las profirió. Se desconoce, así, un principio central en la teorización de Moscovici: el principio de que es en las conversaciones donde se negocian los significados que permiten establecer, en el ámbito de los grupos, los consensos sobre los objetos sociales que les parecen relevantes, manteniendo la integridad del grupo.

Nuestro descontento con este tipo de análisis, que tiene como resultado listas de palabras descontextualizadas, nos llevó a buscar nuevos caminos para la investigación de las representaciones sociales. Considerando que las representaciones son vehiculizadas en discursos estructurados acerca de algo, producidos por personas insertas en sus grupos sociales, con miras a aprehender las cosas del mundo y mantener la integridad del grupo, propusimos introducir el análisis retórico en el análisis de los *cuerpos* discursivos obtenidos en esas investigaciones, ya que dicho análisis retórico nos proporciona instrumentos adecuados para el análisis del conocimiento común. El dominio de las técnicas retóricas permite aprehender lo que las personas consideran deseable en diversas situaciones de la vida cotidiana en que estas técnicas son empleadas, de modo consciente o inconsciente. Creemos que esta opción no constituye apenas un perfeccionamiento de los instrumentos analíticos y explicativos, sino que aumenta el grado de consistencia entre la teoría de las representaciones sociales y sus técnicas de investigación.

Las técnicas retóricas aquí examinadas nos proporcionan elementos, tanto para analizar resultados de entrevistas, grupos focales, o cualquier otro tipo de técnica que lidie con discursos, como para orientar la ejecución de estos procedimientos. En este sentido, su uso no se restringe a la investigación de representaciones sociales, pudiendo ser utilizadas en otros campos de la psicología social, así como en las demás Ciencias del Hombre. Un tema presentado como un par de opuestos, utilizando la disociación de nociones, por ejemplo, permite una conversación fructífera sobre él, siempre que el entrevistador presente la oposición no como algo preestablecido, sino como un asunto en discusión, en negociación. Adaptarse a los entrevistados, así como el buen orador se adapta a la audiencia, es condición necesaria pero no suficiente para obtener la adhesión al proceso de conversación que constituye una entrevista. Aun así, es posible que las respuestas sean socialmente deseables, por lo que es preciso encontrar otros medios para confrontarlas. En el caso en que aprehendamos correctamente el esquema argumentativo de los entrevistados, entonces podemos presentar el argumento opuesto, requiriendo que los entrevistados tomen posición al respecto.

Finalmente, una utilización a fondo del "viraje retórico" en la psicología social, mediante el dominio de técnicas retóricas, es de extrema utilidad, no sólo para la recolección y análisis de datos por el propio investigador, sino también para permitir que la comunidad de psicólogos sociales evalúe la pertinencia de los análisis presentados, validándolos o no, un proceso esencial para el establecimiento de un conocimiento confiable. Su utilidad para la investigación, por lo tanto, aunque particularmente ajustada a los principios y presupuestos del abordaje de las representaciones sociales, no se restringe a esta área de estudio, pudiendo prestar relevantes servicios a la investigación de diversos problemas del campo de la psicología social.

Referencias

Alves-Mazzotti, A. J. (2005), "Fracasso escolar e suas relações com o trabalho infantil: representações de alu-
nos repetentes, trabalhadores e não-trabalhadores
e de seus professores", trabajo presentado en la IV
Jornada Internacional e II Conferência Brasileira de
Representações Sociais, João Pessoa.

Andradre, D. B. F y Souza, C. P. (2008), "Se a escola pudesse
ser uma coisa, que coisa ela seria?", *Educação y Cultura
Contemporânea*, 6, 11, pp. 37-48.

Black, M. (1972), *Models, and Metaphors. Studies in
Language and Philosopy*, Ithaca y Londres, Cornell
University Press.

Calvet, L. J. (2002), *Sociolingüística. Uma introdução crítica*,
traducción Marcos Marcionilo, San Pablo, Parábola.

Jodelet, D. (1990), "Pensée sociale et historicité" en J. P.
Poitou (ed.), *Actes du Colloque "Psychisme et Histoire".*
N° spécial de Technologies, ldéologies, Pratiques, VIII,
N° I 8.4.

Jodelet, D. (2000) "Representaciones sociales: contribución
a un saber sin fronteras" en D. Jodelet & A. Guerrero
Tapia (coord.) *Develando la cultura.Estudios en representaciones sociales*, México, UNAM.

Kennedy, G. A. (2001), "Comparative Rhetoric", en T. O.
Sloan (ed.), *Encyclopedia of Rhetoric*, Oxford, Oxford
University Press, pp. 139-143.

Lavelle, L. (1955), *Traité des Valeurs*, París, Press
Universitaires de Frances.

Mazzotti, T. (1997), "Representação social de 'problema
ambiental': uma contribuição à Educação Ambiental",
Revista brasileira de Estudos pedagógicos, 78, pp. 86-123.

Mazzotti, T. (2007), "A virada retórica", *Revista Educação e
Cultura Contemporânea*, 4, 8, pp. 77-104.

Mazzotti, T. (2008a), "Confluências teóricas: representações sociais, sociolingüística, pragmática e retórica. São Bernardo do Campo (SP)", *Múltiplas Leituras*, 1. Disponible en línea: http://www.metodista.br/ppc/multiplas-leituras/multiplas-leituras-01/ppc/multiplas-leituras. ISSN 1982-8993.

Mazzotti, T. (2008b), "The Rhetoric Turn", en M. Taylor, H. Schreier, y P. Ghiraldelli Jr. (eds.), *Pragmatism, Education, and Children. International Philosophical Perspectives*, Amsterdam / Nueva York, pp. 205-224.

Mazzotti, T. (2009), "Formar professores, suas representações sociais em um litígio", en C. P Sousa, L. Pardal y L. P. Villas Bôas (org.), *Representações sociais sobre o trabalho docente*, Aveiro, Universidade de Aveiro.

Meyer, M. (2004), "Argunentation, rhetorique et problematologie", en Meyer, M. (coordenné par), *Perelman: Le renouveau de la rhétorique,* París, Presses Universitaires de France, pp. 123-138.

Moscovici, S. (1976), *La psychanalyse son image et son publique*, París, PUF.

Moscovici, S. (1999), "Lo social en tiempos de transición", entrevista concedida a Mireya Losada, Venezuela, *SIC*, 617, pp. 602-605.

Moscovici, S. (2003), *Representações sociais*, Investigações em representações sociais, Petrópolis (RJ), Vozes.

Perelman, C. (2002), *L'empire rhétorique. Rhétorique et argumentation*, París, Vrin, segunda edición.

Perelman, C. y Olbrechts-Tytca, L (1996), *Tratado da argumentação. A nova retórica*, traducción de Maria Ermantina Galvão G. Pereira, San Pablo, Martins Fontes.

Reboul, O. (1984), *Le langage de l'éducation*, París, PUF.

Reboul, O. (1998), *Introdução à retórica*, traducción de Ivone Castilho Benedetti, San Pablo, Martins Fontes.

Capítulo 4
El concepto de identidad como aporte a la compresión de la constitución de la docencia

Vera Maria Nigro de Souza Placco y
Vera Lucia Trevisan de Souza

Introducción

¿Por qué tenemos tanto interés en estudiar la identidad de los profesores? Hay varias razones que nos han hecho intentar comprender, a través de investigaciones, cómo se constituyen las identidades docentes. Entre ellas, se destaca nuestra experiencia como formadores de profesores, en la que constatamos las singularidades involucradas en los procesos de enseñar y aprender, de lidiar con la realidad, de concebir la enseñanza y el aprendizaje, de verse como profesional de la educación, entre otros.

Hemos observado que estos aspectos afectan la forma de ser profesor, y creemos que su comprensión, en el sentido de dimensionar su constitución, puede iluminar cuestiones que hasta ahora no se han estudiado sobre la formación docente, tanto los cursos de formación inicial como los de formación continua.

En nuestras lecturas de teorías y de investigaciones que han abordado el tema, se destaca Dubar, quien profundizó en sus estudios sobre la identidad en el trabajo. A partir de sus aportes, se puede asumir el concepto de identidad como un proceso constitutivo del sujeto, producido y construido en las interacciones con otras personas. Es un proceso permanente y dialéctico, que se caracteriza por tensiones entre aquello que se le dice al sujeto sobre qué es y aquello de lo que el sujeto se apropia como suyo, en un movimiento de identificación, no identificación y diferenciación. Esta concepción de identidad, desde nuestro punto de vista, parece sintetizar las diferentes definiciones de la categoría, abordada por diversos autores del campo de la psicología y de la sociología, algunos de los cuales se retoman más adelante de una manera profunda.

No obstante, cabe destacar que desarrollar estudios sobre el tema de la identidad se hace una tarea ardua y desafiante, puesto que no hay –sobre todo en el área de la psicología– un conjunto muy explicativo de teorías acerca de este concepto.

Según Jacques (1998), el concepto de identidad lo han empleado diferentes autores con diversas expresiones, tales como imagen, representación y concepto de sí, y en general, se refieren a la identidad como "conjunto de aspectos, de imágenes, de sentimientos que el individuo reconoce que forman parte de sí mismo" (p. 161).

Kaufmann (2004, citado en Winch, 2009) también se refiere al uso del término para designar diferentes fenómenos:

a) para representar las características de una población que se constituye como minoría e intenta ser reconocida; b) para determinar grupos sociales, diferenciándolos de los demás; c) para identificar o crear imágenes de empresas y organizaciones, a partir de la creación de logotipos propios a las mismas y, en este caso, identidad se asemeja a imagen (Winch, 2009, p. 30)

Jacques (1998), incluso, identifica diferentes denominaciones, dependiendo del contexto en el que se estudia o se utiliza el concepto. En Estados Unidos se utiliza el término "*self*" o "*self-concept*", mientras que en Europa se emplea la terminología "representación de sí". Otro aspecto que dificulta la definición de identidad es la manera en que el propio individuo comprende su representación: por el nombre, por el pronombre "yo", o incluso por otras calificaciones que se refieren a su rol social, tales como padre, hijo, hermano y/o amigo.

No obstante, esa autora considera que la representación de sí que hace posible comprender la identidad, "siempre es la representación de un objeto ausente –el sí mismo", y desde esta perspectiva la identidad sería un "conjunto de representaciones que responde a la pregunta ¿quién es?" (Jacques, 1998, p. 161).

Marques (citado por Winch, 2009) se refiere a la identidad como un conjunto de representaciones que surgen tanto del individuo como del medio social. Estas representaciones varían según los "tipos de sociedad, el lugar social que ocupa el individuo en la sociedad y el conjunto de valores, ideas y normas que pautan el código de lectura, a través del cual el mismo interpreta su visión del mundo" (pp. 91-92). La lectura que hace el sujeto de su realidad, permeada por esas representaciones, es constitutiva de su identidad, lo que nos aporta una importante aclaración sobre las relaciones entre identidad y representaciones.

Las diferentes denominaciones hacen muy compleja la definición de identidad y reflejan la diversidad teórica y metodológica de los autores que la estudian. Esta dificultad es la que nos proponemos enfrentar al estudiar la identidad de la docencia. Según Jacques (1998), esta dificultad también se puede atribuir al hecho de que la identidad se subdivida en identidad personal, para referirse a los aspectos característicos del individuo, e identidad social, para justificar las pertenencias del individuo a grupos o categorías, considerando que la identidad social además se subdivide en identidad étnica, religiosa, profesional, entre otras. Hay autores que, intentando integrar estos aspectos, han creado otras nomenclaturas: *identidad psicológica* (Costa, 1989), aludiendo a una calificación universal y genérica del humano, oponiéndose a atributos del yo; *identidad del yo* (Habermas, 1990), que equivaldría a una "identidad natural", integrada a la "identidad de rol", cuya dinámica de constitución resulta de la igualdad y la diferencia con respecto a los otros; *identidad psicosocial* (Neto, 1985), asumiendo el presupuesto de la interrelación entre el individuo y lo social.

Según Jacques (1998), las expresiones usadas en las artes escénicas, como personaje, rol, actor y autor, aparecen en los estudios de Goffman (1985) sobre identidad, en los que el personaje equivaldría a cómo la identidad se representa en el mundo y a la demanda de un actor que asuma determinado papel social. De esta manera, el personaje se diferencia y se confunde con el rol al mismo tiempo, ya que este último equivale a abstracciones que resultan de construcciones en y por las relaciones sociales.

Estas diferentes terminologías, que proceden de las más diversas áreas del saber y están unidas al concepto de identidad, en la búsqueda de su definición, constituyen elementos que se suman a los demás en el complejo y paradójico significado de lo que es identidad.

En la actualidad, se han hecho muchos cuestionamientos sobre la manera de abordar la identidad que, según algunos investigadores, oscila entre perspectivas naturalistas, esencialistas y maduracionistas. Estas teorías intentan encontrar la explicación de las diferencias y semejanzas en la constitución del hombre, en sus aspectos biológicos.

Faria y Souza (2009) investigaron sobre estudios recientes acerca de la identidad, a partir de analizar disertaciones y tesis. Identificaron un interés creciente sobre el tema en el campo de la psicología y de la educación en los últimos cinco años, concentrados, principalmente, en la formación de profesores. Encontraron que el aporte teórico adoptado se limita, en el campo de la psicología, a la teoría de Ciampa (1986) y de algunos de sus lectores, y en el campo de la sociología, a las teorías de Claude Dubar –vertiente de la sociología del trabajo– y Ziegmunt Bauman y Stuart Hall, desde la perspectiva de la posmodernidad.

Estas consideraciones preliminares justifican la necesidad de desarrollar proposiciones que, a través del diálogo entre las diferentes perspectivas desde las que se presenta el concepto de identidad, permitan avanzar en la explicación de este fenómeno, que parece prometedor para la comprensión de los procesos de constitución de los *sujetos profesores*.

Frente a lo expuesto, este texto tiene el objetivo de reflexionar, en términos teóricos, sobre el concepto de identidad, retomando su definición desde diversas perspectivas, con la finalidad de promover una interlocución entre ellas que aporte enunciaciones que se constituyan en referentes para la investigación sobre el tema.

Parte I. Dos perspectivas teóricas sobre la identidad

El concepto de identidad desde la perspectiva de la psicología

Según Jacques (1998), en el ámbito de la psicología, los estudios sobre la identidad suelen asumir las perspectivas de la psicología analítica del yo y de la psicología cognitiva, que entienden el desarrollo "por niveles crecientes de autonomía", considerándola "generada por la socialización y garantizada por la individualización" (p. 160).

Para Erikson (1972), cuyos estudios sobre la identidad son muy conocidos, la identidad corresponde a etapas de desarrollo en las que el individuo se relaciona con lo social, según sus competencias, con mayor o menor eficacia. El autor denomina a estas etapas con nombres como "crisis de identidad" o "ruptura de identidad", las cuales conciben el tema de forma descontextualizada, atemporal y ahistórica (Jacques, 1998).

En la psicología social, la preocupación por el estudio de la identidad data de hace mucho tiempo: desde William James, en 1890, pasando por el Interaccionismo Simbólico en los trabajos de George Mead, en 1934. Según Mead, la construcción del *self* tiene lugar en el proceso de socialización del individuo, a partir de interacciones sociales.

Hubo momentos en los que el interés por las investigaciones fue menor, hasta que el tema de la identidad volvió a la escena con los estudios sobre las relaciones entre los grupos y la diferenciación social.

Un autor del campo de la psicología que aporta definiciones sobre el concepto de identidad es el francés Edmond Marc, profesor de psicología de la Universidad París XX. Para él, la noción de identidad "remite a la conciencia inmediata que cada uno tiene de ser sí mismo a lo largo del tiempo y de la diversidad de las situaciones" (Marc, 2005, p. 17). Entiende que no se puede simplificar esta definición, puesto que hay elementos muy complejos imbricados en esta noción, lo que le otorga un carácter paradójico:

> Por un lado, identidad designa el carácter de lo que es único, y por lo tanto, lo que distingue a cada uno y lo diferencia irreduciblemente de los otros. Por otro, significa la semejanza perfecta entre objetos distintos: en este caso, la identidad es, por consiguiente, el hecho de ser semejante a los otros (p. 17).

Esto quiere decir que al oscilar entre la "alteridad radical" y la "similitud total", la identidad se constituye como paradoja semántica, social, cultural y psicológica, y sería en la imposibilidad de superar esta paradoja que estaría el significado del concepto. ¿Cómo definir algo que asume, al mismo tiempo, tantas dimensiones e, incluso, contradictorias entre sí? ¿Cómo circunscribir una idea compleja, que contiene en sí varios elementos entrelazados, según el paradigma de la complejidad propuesto por Morin (1996)?

Lo mismo se plantea en relación con la identidad colectiva. En la identidad grupal, se instaura una tensión dialéctica entre los individualismos que rompen los vínculos sociales y promueven la disolución o anulación del individuo en la homogeneidad del grupo (Marc, 2005, p. 18). El autor muestra la fuerte interacción entre "identidad para sí e identidad para el otro, apreciación personal y comparación social, ideas individuales y modelos culturales, procesos conscientes e inconscientes" (p. 20). Retomando a Erikson (1972), Marc (2005) resalta que "este proceso siempre está sujeto a la transformación y a la evolución y se desarrolla en un relacionamiento íntimo entre los procesos psicológicos y lo social" (p. 20). Los conceptos de la psicología individual, como la concepción de sí, la imagen de sí y la autoestima; y los de la psicología social, como el rol y la actitud, no logran, de manera aislada, ocuparse de esta naturaleza interactiva y dinámica de los conceptos de *identidad para sí* e *identidad para el otro*, ya que poseen una naturaleza psicosocial "al mismo tiempo exterior e interior al sujeto" (p. 20).

Por otra parte, algunas cuestiones del psicoanálisis parecen útiles para la comprensión de los aspectos inconscientes involucrados en los procesos constitutivos de la identidad, que más allá de algunos prototipos y modelos ideales, están presentes en la cultura y en lo imaginario.

> El sentimiento de identidad resulta de un proceso evolutivo que surge especialmente en la infancia; este proceso no se da sin crisis ni rupturas. Para llegar a un sentimiento de plenitud y de equilibrio, el niño debe adaptarse constantemente a las transformaciones que tienen lugar en el plano del crecimiento biológico, de la madurez genital y de la socialización (Marc, 2005, pp. 20-21).

El autor resalta que no hay, en este proceso evolutivo, una suma de identificaciones a lo largo del tiempo, sino que las rupturas y adaptaciones van incluyendo, necesariamente, los diferentes grupos sociales a los que pertenece el individuo, caracterizados por valores, expectativas y aspiraciones singulares, y a los que se va afiliando, a lo largo de su vida: su clase social, su país, su cultura, su escuela, sus grupos de amigos y su familia.

Marc (2005) describe las afirmaciones de Erikson sobre el sentimiento de identidad como oscilantes entre "un ideal de yo y súper-yo (interiorización de modelos sociales) y la percepción que el sujeto tiene de sí mismo, en su compromiso con la realidad social en movimiento" (p. 21). Desarrolla las nociones con respecto al *yo, mí, me* y *sí mismo*, mostrando que Erikson defiende la adhesión al punto de vista psicosocial sobre identidad, más allá de un punto de vista psicoanalítico.

Desde otra perspectiva, el concepto de identidad ha sido postulado como una categoría fundamental de la psicología social. Asumiendo los presupuestos de la psicología histórico-cultural con base marxista, la identidad fue estudiada por varios autores del campo de la psicología, a partir de la década de 1980, período que coincide con la consolidación de la psicología social en Brasil y en América Latina (Lane y Codo, 1984). Uno de los trabajos más difundidos sobre el tema es el de Ciampa (1986), que presenta el concepto de identidad desde la perspectiva materialista dialéctica. Según el autor, desde el sentido común, entendemos la identidad como algo fijo que define al individuo. Así, el documento de identidad y el *currículum vitae* son medios de establecer una relación vivida cotidianamente, que le da a la identidad un carácter estático. Si llegamos a un sitio en el que no nos conocen, se nos pide que nos identifiquemos, y cuando el nombre no es suficiente se amplía con un "¿de dónde es?", reafirmándose el carácter estático.

No obstante, a lo largo de la vida, adquirimos y presentamos de un modo continuo nuevos predicados, lo que le atribuye un carácter dinámico a la identidad. Según las palabras del autor:

> En este proceso, establecemos relaciones con los otros que se constituyen como diferentes espejos para diferentes identificaciones, para nuevas predicaciones. Las predicaciones son las que permiten que la identidad asuma distintos roles, en relación con los otros, en distintos contextos (Ciampa, 1986, p. 135).

De esta manera, no se puede ver al individuo de forma aislada, separado del contexto, sino en relación y como relación. Esto le da a la identidad un carácter de igualdad y diferencia, de particular y colectivo, de subjetividad y objetividad, no como aspectos fragmentados, separados, opuestos, sino que se constituyen mutuamente, en un proceso que el autor denomina metamorfosis.

La teoría de la identidad puede contribuir a la comprensión de la práctica docente. Si el individuo es lo que hace, y si ser profesor es ejercer un rol –asumir un personaje–, como propone Ciampa, entonces es necesario mirarlo en la relación con todos los "otros" que lo constituyen en relación de igualdad y de diferencia.

Otro aspecto importante que debe considerarse al hablar de identidad, es la cuestión de la representación. Según Ciampa (1986), la representación es una intrincada red que permea todas las relaciones, en la que cada identidad refleja otra identidad a través de la actividad de los individuos. Esto permite decir que el conjunto de las identidades "refleja la estructura social, al mismo tiempo que reacciona sobre la misma, conservándola y transformándola" (p. 171).

Representar, por lo tanto, sería la presentificación del ser, y Ciampa establece algunos sentidos diferentes de esta representación: "1) cuando comparezco como el representante de mí; 2) cuando desempeño roles derivados de mis posiciones; 3) cuando repongo en el presente lo que he sido, cuando reitero la presentación de mí mismo" (p. 179). Dejar de representar, en este tercer sentido, expresando así al otro "otro" que soy, hace posible la metamorfosis de mi identidad.

Así, la identidad es metamorfosis, está en constante transformación, siendo el resultado provisorio de la intersección entre la historia de la persona, su contexto histórico y social y sus proyectos. La identidad tiene un carácter dinámico, cuyo movimiento presupone un personaje. El personaje que, para el autor, es la vivencia personal de un papel previamente estandarizado por la cultura. El personaje es fundamental en la construcción de la identidad: se representa la identidad de alguien por la reificación de su actividad en un personaje que al final acaba siendo independiente de la actividad. Las distintas maneras de estructurar los personajes resultan diferentes modos de producción de identidad. Por lo tanto, la identidad es la articulación entre la igualdad (el rol) y la diferencia (el personaje).

Identidad es movimiento. Sin embargo, una vez que los ritos sociales reponen la identidad presupuesta, se la ve como algo dado y no como algo que *se está dando*. Por lo tanto, la reposición sustenta la invariabilidad, es decir, la idea de que la identidad es atemporal y constante: identidad-mito. A la superación de esa identidad presupuesta se la denomina metamorfosis.

Recientemente, González Rey (2003) aportó a la definición del concepto de identidad, relacionándolo con los conceptos de subjetividad, sentido subjetivo y personalidad, lo que presenta de la siguiente forma:

La pregunta sobre qué es la identidad se puede responder comprendiendo la identidad como un sistema de sentidos que se articula a partir de las configuraciones subjetivas históricamente constituidas en la historia de un sujeto concreto y en las condiciones concretas dentro de las que actúa en este momento. Como resultado de esta confrontación entre lo histórico y lo actual, aparecen situaciones en las que se presenta la necesidad de que el sujeto se reconozca a sí mismo dentro de la situación, de delimitar su espacio, el espacio en el que encuentra la congruencia consigo mismo en la situación que está enfrentando; es en este momento que aparece su identidad, en el que los elementos de sentido en juego dentro de la situación definen emociones que se hacen evidentes en el sentido de identidad. Estas son las complejidades de la constitución emocional del sujeto que exigen una mayor profundidad en las investigaciones concretas (p. 263).

Por consiguiente, la identidad sería el reconocimiento, por parte del sujeto, de lo él mismo es en un momento dado, y en relación con determinado contexto. En esta medida, el concepto difiere de los de subjetividad y personalidad, considerando que estos aspectos también incorporan lo que el sujeto no reconoce o aquello de lo que no tiene conciencia.

Lo que se hace evidente en la conceptuación de identidad, desde la perspectiva de la psicología social, es la idea de tener conciencia de lo que se es, de reconocerse como tal, de tener claridad sobre las identificaciones con las atribuciones adjudicadas al sujeto. Desde nuestro punto de vista, esta idea central en la definición del concepto es también la que le da inconsistencia y debe discutirse, lo que haremos más adelante.

El concepto de identidad desde la perspectiva de la sociología

Dubar (1997), sociólogo francés que estudia las identidades profesionales, entiende que desde la perspectiva de la filosofía, la noción de identidad se puede dividir en dos corrientes: la esencialista y la nominalista / existencialista. La primera se constituye de sustancias inmutables y originales (Parménides) y considera central la mismidad: identidad es lo que se mantiene igual a pesar de los cambios. La segunda sostiene la idea de que todo fluye, no hay esencias eternas y todo cambia (Heráclito) –lo central es el cambio–, es decir, la identidad está condicionada por la época. Según el autor, mientras la corriente esencialista llevó a la creación de categorías con existencia real, como la idea de esencia dada *a priori* en el nacimiento, de manera que el sujeto cumpliría con un destino inscripto en los genes; la corriente nominalista o existencialista considera que la identidad depende de la época en la que vive el sujeto, y la categoría que hace posible su análisis son las palabras, considerando que los nombres son las formas de identificación.

Estas formas son de dos tipos: atribuidas, que equivalen a las identidades para los otros, y reivindicadas para sí, que son las identidades *para sí*. De esta manera, el individuo puede aceptar las atribuciones o no, y es en la relación entre estos dos tipos que se sostiene la idea de *formas identitarias*, expresión que el autor prefiere en lugar del término identidad (Dubar, 1997).

Dubar asume la perspectiva nominalista, que entiende como resultado de una doble operación: la diferenciación y la generalización. Es la diferenciación la que hace surgir la singularidad del sujeto, la que lo hace definirse como diferente y, en este sentido, *la identidad es la diferencia*. Y es la generalización la que le permite al sujeto identificarse con los aspectos comunes de determinado grupo y, desde esta perspectiva, *la identidad es la pertenencia*. Por consiguiente, es a través de la narración que el sujeto hace de sí mismo, que se construye la identidad.

Este modo de comprender los elementos constitutivos de la identidad le atribuye al concepto un carácter paradójico: lo que existe de único y lo que existe de compartido conviven, de un modo simultáneo, en un mismo sujeto, y es esto lo que lo iguala y lo diferencia.

Según Dubar (2006), la noción de *identidad para sí* no pertenece al vocabulario de la sociología clásica, y la identidad social se vuelve sinónimo de la identidad para el otro. Esta posición es puesta en duda por los sociólogos, cada vez más, en tanto que piensan que la subjetividad no puede ser dejada de lado en el análisis de los acontecimientos sociales contemporáneos.

De esta manera, para Dubar (1997, 2006), sólo se puede concebir el concepto de identidad desde una perspectiva sociológica en la medida en la que se restituya la relación "identidad para sí / identidad para el otro", como componente del proceso de socialización. La identidad, por lo tanto, corresponde al "resultado simultáneamente estable y provisorio, individual y colectivo, subjetivo y objetivo, biográfico y estructural, de los diversos procesos de socialización que, en conjunto, construyen los individuos y definen las instituciones" (1997, p. 105).

Esta forma de comprender la identidad introduce la posibilidad de analizar la dimensión psíquica y subjetiva desde el punto de vista sociológico, invirtiendo, según el autor, las posiciones psicoanalíticas que oponen al Yo y a su sistema interior (Ello y Superyó) al ambiente y a su organización "externa", muchas veces, considerada no esencial (Dubar, 2006). Esta inversión, que hace de lo "más íntimo" algo que también es lo "más social", "instala al Yo en lo social, abordándolo por la expresión individual de los mundos subjetivos que son, simultáneamente, mundos vividos y mundos expresos, por tanto, mundos susceptibles de ser comprendidos empíricamente" (Dubar, 1997, p. 105).

Este abordaje permite comprender las identidades como "productos de una tensión o de una contradicción interna al propio mundo social" (Dubar, 1997, p. 106). Es decir, tensión entre el actuar instrumental y el comunicacional, el societario y el comunitario, el económico y el cultural.

Las formas societarias resultan de colectivos múltiples variables y efímeros, a los que pueden pertenecer los individuos por períodos limitados y que les proporcionan fuentes de identificación, en las que cada sujeto tiene múltiples pertenencias que pueden cambiar a lo largo de la vida.

Las formas comunitarias suponen la existencia de comunidades, como nombres y sitios predeterminados a los individuos, y que se reproducen de una manera idéntica a lo largo de las generaciones, de modo que los individuos tienen su lugar singular como parte de una comunidad.

La identidad se define, entonces, como el proceso de construcción, imbricado con el contexto, con la historia individual y social del sujeto, en el que se articulan *actos de atribución* (del otro para sí) y de *pertenencia* (de sí para el otro), en un movimiento tensionado, continuo y permanente. Según Dubar:

> Denominamos actos de atribución a los que tienen por objetivo definir "qué tipo de hombre (o de mujer) es usted", es decir, la identidad para el otro; actos de pertenencia a los que expresan "qué tipo de hombre (o mujer) usted quiere ser, es decir, la identidad para sí" (2005, p. 137).

Entonces, hay dos procesos que interactúan en la constitución de la identidad: el biográfico y el relacional. El primero equivale a la identidad para sí, a las pertenencias del sujeto, cuyas transacciones el autor denomina subjetivas. El segundo, que representa la identidad para el otro, involucra las atribuciones; y las transacciones son de naturaleza objetiva. Los procesos relacional y biográfico convergen para producir las identidades. La identidad social está marcada por la dualidad entre estos dos procesos y la dialéctica establecida entre los mismos es el eje del análisis sociológico de la identidad realizado por Dubar.

Otro teórico que estudia la identidad, desde una perspectiva sociológica, es Bauman (2005), que enfoca el tema desde la perspectiva de la posmodernidad. Su interés está en los nuevos modos de funcionar del sujeto en lo que llama la *sociedad líquida*. Entiende a la identidad como un proceso continuo de "redefinirse e inventar y reinventar la propia historia" (Bauman, 2005, p. 13), siempre con relación a comunidades que representarían las entidades que definen la identidad. "La pertenencia y la identidad no tienen la solidez de una roca, no se garantizan para toda la vida" (p. 17), pero se ligan a comunidades de ideas y diferentes principios, a los que adherimos a lo largo de nuestras vidas.

El autor define a la identidad como autodeterminación, el *yo postulado*, y las identidades, por lo general, se refieren a las comunidades como las entidades que las definen. Hay dos tipos de comunidades: las de vida y las de destino, en las que los miembros viven juntos en conexión absoluta a las comunidades de ideas, formadas por una variedad de principios. La cuestión de la identidad sólo se presenta en las comunidades del segundo tipo, en las que se observa la presencia de diferentes ideas y, por esto también, la creencia en la necesidad de elecciones continuas.

La identidad se revela como invención y no como descubrimiento; es un esfuerzo, un objetivo, una construcción. Es algo inconcluso, precario, y para Bauman (2005), esta definición parece cada vez más clara, considerando que los mecanismos que la ocultaban perdieron el interés en hacerlo y, actualmente, interesa construir identidades individuales y no colectivas. Este hecho, sin embargo, es reciente. El pensar acerca de *tener una identidad* no se da mientras se cree en una pertenencia, sino cuando se piensa en una actividad que se debe realizar de un modo continuo, lo que origina la posibilidad de cuestionamientos sobre la pertenencia. De manera que pensar acerca de su propia identidad surge de la crisis de pertenencia.

Bauman (2005) dice que la esencia de la identidad se construye en relación con los vínculos que conectan a las personas unas a las otras y considerando a esos vínculos estables. El hábitat de la identidad es el campo de batalla: sólo aparece en el tumulto. No se puede evitar su ambivalencia, es una lucha contra la disolución y la fragmentación, una intención de devorar y un rechazo a ser devorado. Esta batalla une y divide al mismo tiempo; su intención de inclusión y la realidad de segregación se mezclan y se complementan. En la modernidad líquida hay una infinidad de identidades para escoger, y otras para inventar. De esta manera, sólo se puede hablar de construcción identitaria como experimentación interminable (Bauman, 2005).

Desde la misma perspectiva que Bauman, pero interesado en la identidad cultural, Hall (2006) presenta el concepto de lo que denomina "identidades culturales", como aspectos de nuestras identidades que surgen de nuestra pertenencia a culturas étnicas, raciales, lingüísticas, religiosas y, sobre todo, nacionales. El autor entiende que las condiciones actuales de la sociedad están "fragmentando los paisajes culturales de clase, género, sexualidad, etnia, raza y nacionalidad que, en el pasado, nos habían proporcionado sólidas ubicaciones como individuos sociales" (Hall, 2006, p. 9). Estas transformaciones están alterando las identidades personales, influenciando la idea de sujeto integrado que tenemos de nosotros mismos: "A esta pérdida de sentido de sí estable, se la llama, a veces, doble desplazamiento o descentralización del sujeto" (p. 9). Este doble desplazamiento que corresponde a la descentralización de los individuos tanto de su sitio en el mundo social y cultural como de sí mismos, es lo que tiene como resultado la "crisis de identidad" para el individuo. Hall (2006) cita al crítico cultural Mercer, para el que "la identidad sólo se vuelve una cuestión cuando está en crisis, cuando algo que se supone como fijo, coherente y estable es desplazado por la experiencia de la duda y de la inseguridad" (Mercer, 1990, citado por Hall, 2006, p. 43).

Sin pretender profundizar las perspectivas filosóficas que se refieren a las concepciones de sujeto que involucran cada una de las definiciones que presentamos a continuación, ya que exceden el objetivo de este artículo, se pueden identificar tres concepciones diferentes de identidad, según Hall (2006):

1. Identidad del sujeto del Iluminismo, que expresa una visión individualista de sujeto, caracterizado por la centralización y la unificación, en el que prevalece la capacidad de razón y de conciencia. De esta manera, se entiende al sujeto como portador de un núcleo interior que surge en el momento del nacimiento y prevalece a lo largo de todo su desarrollo, de una forma continua e idéntica.

2. Identidad del sujeto sociológico, que considera la complejidad del mundo moderno y reconoce que este núcleo interior del sujeto se constituye en la relación con otras personas, cuyo papel es de mediación de la cultura. Desde esta perspectiva, que se ha transformado en la concepción clásica de sujeto en la sociología, el sujeto se constituye en la interacción con la sociedad, en un diálogo continuo con los mundos interno y externo. El núcleo interior aún permanece, pero se constituye por lo social, así como también lo constituye. De esta forma, el sujeto es individual y social al mismo tiempo; es parte y es todo.

3. Identidad del sujeto posmoderno, que no tiene una identidad fija, esencial o permanente, sino formada y transformada de un modo continuo, sufriendo la influencia de cómo es representado o interpretado en y por los diferentes sistemas culturales de los que forma parte. La visión de sujeto asume contornos históricos y no biológicos, y el sujeto asume distintas identidades en diferentes contextos, que son, por lo general, contradictorias, impulsando sus acciones en diversas direcciones, de manera que sus identificaciones son constantemente desplazadas. Frente a la multiplicidad de significados y representaciones sobre lo que es el hombre en la posmodernidad, el sujeto se enfrenta a innumerables y cambiantes identidades, posibles de identificar, pero siempre de una manera transitoria. Por lo tanto, el sujeto posmoderno se caracteriza por el cambio, por la diferencia, por la inconstancia y las identidades se mantienen abiertas. Aunque está visión del sujeto parezca perturbadora, debido a su carácter de inseguridad e imprevisibilidad que resulta del desplazamiento constante, según Hall (2006), tiene también características positivas, ya que si bien por un lado desestabiliza identidades estables en el pasado, por el otro, se abre la posibilidad del desarrollo de nuevos sujetos.

Muchos son los hechos y aspectos que influyeron en este cambio de comprensión del sujeto a la largo de la historia, y que siguen generando transformaciones en la actualidad, período en el que las características de la globalización le ha dado una nueva dimensión temporal y espacial a la vida de los sujetos.

Para Hall (2006), identidades correspondientes a un determinado mundo social están en declive, considerando que no se puede ver más a la sociedad como determinada, sino en movimiento y en transformación continua, haciendo que surjan constantemente nuevas identidades, en un proceso de fragmentación del individuo moderno. De esta manera, señala que se estaría dando un cambio en los conceptos de identidad y de sujeto, teniendo en cuenta que las identidades modernas están siendo "descentradas", es decir, desplazadas y fragmentadas, y como consecuencia, no se pueden ofrecer afirmaciones conclusivas sobre qué es la identidad, ya que se trata de un aspecto complejo, que involucra diversos factores.

El autor resalta también el carácter de cambio en lo que llama modernidad tardía, expresión usada por Giddens para referirse a lo que algunos sociólogos han llamado posmodernidad. Las sociedades modernas se caracterizan por el cambio constante, rápido y permanente, lo que se constituye como la principal diferencia de las sociedades tradicionales. De esta manera, la modernidad tardía no se define sólo como una experiencia de convivencia con cambios rápidos, envolventes y continuos, sino como una forma altamente reflexiva de la vida, en la que las informaciones promueven una constante evaluación y transformación de las prácticas sociales y alteran constitutivamente sus características. Según Hall:

> Cambian el ritmo y el alcance del cambio, las transformaciones del tiempo y del espacio y lo que Giddens llama "desalojo del sistema social", todo lo que genera "discontinuidades" en la sociedad y en los individuos, desplazamientos y desdoblamientos en los centros de poder, generando nuevas posibilidades y nuevas articulaciones, en las que se crean nuevas identidades, nuevos sujetos y lo que Laclau llama "recomposición de la estructura alrededor de puntos centrales particulares de articulación" (2006, p. 13).

El autor resalta, también, que hay una línea común en los teóricos que discuten el carácter del cambio en la posmodernidad, aunque ofrezcan lecturas diferentes sobre su naturaleza, ya sea un énfasis en la discontinuidad, en la fragmentación, en la ruptura o en el desplazamiento.

El concepto de identidad desde las perspectivas
teóricas presentadas: algunos análisis y reflexiones

Siguiendo con lo que se propuso como objetivo de
este artículo, a continuación presentamos algunas consideraciones basadas en el análisis de las teorías sobre la
identidad. No obstante, es importante aclarar que no se
ha pretendido, con lo expuesto en las páginas anteriores,
agotar el tema de la identidad, identificando y presentando
a todos los autores que lo han abordado. Es decir, no se
trata de un estudio del tipo "estado del arte", sino de relacionar y discutir a algunos teóricos que se han dedicado al
estudio del tema, sobre todo centrándose en la definición
del concepto de identidad. De esta manera, el criterio de
elección de los autores se dio por la pertinencia de sus
trabajos, en lo que respecta a su inversión y consistencia o
repercusión, y a su carácter psicosocial, más allá de constituirse como aportes teóricos a las investigaciones que
se han desarrollado. Reconocemos que, en este análisis,
no se han tenido en cuenta varios autores; sin embargo,
creemos que los escogidos representan las perspectivas
teóricas psicosociales que se han dedicado a la definición
del concepto.

En primer lugar, ante lo presentado en esta primera
parte del artículo, se quieren resaltar las perspectivas de
abordaje del tema de la identidad en el área de la psicología.
Se constatan en las producciones dos vertientes: psicoanálisis y psicología social. La perspectiva psicoanalítica la
presenta Marc (2005), quien refiere a Erikson. Pese a ser un
autor que declara que entiende la identidad en movimiento,
con influencia de lo social, plantea en sus desarrollos una
visión que realza aspectos de la corriente esencialista y
adaptacionista. Esto es identificado por Dubar (2007), en
sus estudios históricos sobre la identidad:

La identidad resulta de un proceso *evolutivo que se origina especialmente en la infancia*; este proceso no se da sin crisis ni sin rupturas. Pues, *para llegar a un sentimiento de plenitud y de equilibrio, el niño debe adaptarse constantemente a las transformaciones que tienen lugar en el plano del crecimiento biológico, de la madurez genital y de la socialización* (Marc, 2005, pp. 20-21, destacado propio).

También se puede considerar que su concepto de identidad presenta aspectos de lo que Hall (2006, pp. 10-11) llama identidad del sujeto del Iluminismo: "Se entiende al sujeto como portador de un núcleo interior que surgía en el momento del nacimiento y prevalecía a lo largo de todo su desarrollo, de una forma continua e idéntica."

Sin embargo, esto no significa que no haya también en las proposiciones de Marc (2005) aspectos del sujeto sociológico, o incluso del sujeto posmoderno. Hay que tener en cuenta que el modelo propuesto por este autor resalta aspectos de la perspectiva epistemológica psicoanalítica.

Por otro lado, desde la psicología social, que considera a la identidad como una de sus categorías centrales y que realizó aportes teóricos en lo que respecta a su estudio, se destaca la producción de Ciampa (1986). El autor, basándose en el materialismo histórico, postula un concepto que asume los aspectos dialécticos y contradictorios que lo definen. La visión de sujeto que surge es la del sujeto sociológico, imbricado con lo social, por lo que es constituido y también constituye: "El conjunto de identidades refleja la estructura social, al mismo tiempo que reacciona sobre ella, conservándola o transformándola" (Ciampa, 1986, p. 171). Este proceso de constitución está mediado por la cultura, cuyos aspectos asumen gran relevancia en su teoría. Como sostiene Dubar (1997), se registran en las conceptualizaciones de identidad de Ciampa elementos de la corriente nominalista, al otorgar importancia a la representación como elemento constitutivo de la identidad.

Esto es expresado por Ciampa (1986) en las siguientes afirmaciones: "Representarse es la presentificación del ser: 1) cuando comparezco como representante de mí; 2) cuando desempeño roles derivados de mis posiciones; 3) cuando repongo en el presente lo que he sido, cuando reitero la presentación de mí" (p. 179). Sería en este proceso que el sujeto establece relaciones con los otros, quienes se constituyen como espejos para diferentes identificaciones y para nuevas predicaciones.

No obstante, como afirmamos con respecto a la teoría de Marc (2005), en la definición de identidad de Ciampa (1986) se identifican elementos del sujeto posmoderno, teniendo en cuenta la complejidad y movilidad que le atribuye al proceso de constituirse como sujeto a través de su actividad.

La producción de González Rey (2003) sobre la teoría de la identidad aún es pequeña, considerando su interés por la teoría de la subjetividad. Sin embargo, lo que se puede afirmar con respecto a este autor, perteneciente al área de la psicología social, es que intenta superar cierta dicotomía en la forma de concebir al sujeto y su identidad: objetividad / subjetividad, interno / externo. De esta manera, sugiere las categorías de *sentido subjetivo* y de *subjetividad social* como forma de superación de esta dicotomía.

Con respecto a los autores del área de la sociología que se han dedicado al estudio de la identidad, se puede observar una preocupación más volcada hacia los aspectos sociales que a los aspectos del sujeto, lo que se revela en el punto de partida de sus estudios: el trabajo y la posmodernidad.

Dubar (1997) declara que asume la corriente nominalista, teniendo en cuenta la importancia que les atribuye a las narraciones del sujeto como constituyentes de su identidad. La perspectiva de sujeto es la sociológica, puesto que toma el materialismo dialéctico como perspectiva filosófica de la que parte. Intenta darles igual énfasis a los aspectos biográficos y relacionales del sujeto, pero en sus postulaciones invierte mucho más en los aspectos externos, preocupándose en conceptuar elementos como: comunidad, sociedad, mundos vividos, mundo del trabajo, etc., que en los aspectos intrapsicológicos del sujeto. Este hecho se justifica, obviamente, considerando el campo de estudios del investigador. No obstante, es necesario estar atento al uso de sus postulaciones como categorías explicativas a nuestras investigaciones, para no correr el riesgo de perder al sujeto, quien se diluiría en las relaciones.

Bauman (2005) y Hall (2006), desde la perspectiva de la posmodernidad, están interesados en explicar los cambios en la identidad del sujeto en lo que concierne a la sociedad (Bauman) y a la cultura (Hall). Postulan lo que sería la identidad del sujeto posmoderno, y para ello –especialmente Hall– hacen una definición de ese sujeto. Su principal característica sería la fluidez y el desplazamiento, elementos que ubican como aspectos característicos de la idea de sujeto complejo y nos llevan a cuestionarnos sobre sus posibilidades de narraciones; su forma de verse y de representarse fluye y se desplaza de un modo permanente.

Por lo que hemos presentado hasta aquí, se puede decir que hay una producción significativa sobre el concepto de identidad cuando nos abrimos al diálogo entre diferentes campos de conocimiento, en este caso, psicología y sociología. Se ha podido comprobar –y esto provoca algunos cuestionamientos– el hecho de que hay un interés mayor y creciente sobre el tema por parte de la sociología, mientras en el campo de la psicología –nos referimos aquí a la producción en Brasil– no se han desarrollado estudios cuyo principal objetivo sea el de profundizar la explicación de esta categoría.

De las proposiciones presentadas se pueden obtener algunas explicaciones que nos permiten investigar el fenómeno de la identidad en al ámbito profesional y personal. Los sujetos están de tal forma imbricados con los procesos sociales, que estudiar la identidad implica estudiar los contextos en los que esos sujetos actúan, como personas o como profesionales. También requiere observar el proceso de constitución de los sujetos y de sus identidades profesionales como movimiento de tensión permanente, continuo, fluido, con momentos de identificaciones con determinadas formas identitarias, siempre provisorias, pero que son constitutivas de sus formas de actuar y de pensar sobre lo que hacen y viven. Hablamos de identificaciones provisorias porque se relacionan con contextos sociales también fluidos, en los que las inseguridades asumieron el lugar de la estabilidad característica de la modernidad, introduciendo, como afirma Hall (2006), por un lado, la desestabilización del sujeto, y por otro, la apertura permanente a nuevas elecciones y posibilidades de identificación.

Investigar un tema cuyo concepto está constituido por esas ideas es un gran desafío, y enfrentarlo es el único camino para avanzar en la comprensión del sujeto y de las prácticas sociales de las que forma parte, así como atribuirle plausibilidad al concepto de identidad como categoría explicativa del funcionamiento humano.

Parte II. Un ensayo sobre la plausibilidad del concepto de identidad en la constitución de la identidad profesional

La imagen que tenemos de nosotros mismos no es, seguramente, el retrato de lo que los otros ven en nosotros, incluso porque los otros no ven a la misma persona. No obstante, sin las sucesivas imágenes que los otros nos dan de nosotros mismos, no podríamos saber quiénes somos.

O, según la frase muy apropiada de Ichheiser, "los otros son nuestros espejos".

Dante Moreira Leite (1997)

Moreira Leite (1997), reflexionando sobre el proceso global de constitución del yo, observa que no disponemos de estudios minuciosos sobre este proceso, e introduce la posibilidad de pensar sobre la cuestión a través de la literatura, rica en descripciones detalladas capaces de subsidiar una discusión del problema.

Tomamos este camino para reflexionar sobre el proceso de constitución de la identidad profesional y escogimos un cuento de Machado de Assis, llamado *O expelo*.[17] *En el cuento, cinco hombres conversaban sobre la naturaleza del alma, cuando uno de ellos, llamado Jacobino, se propuso contarles a los demás su propia historia, un caso que probaría la siguiente teoría:*

> Cada criatura humana lleva consigo dos almas: una que mira de adentro hacia afuera, otra que mira de afuera hacia adentro. [...] El alma exterior puede ser un espíritu, un fluido, un hombre, muchos hombres. [...] Está claro que el oficio de esta segunda alma es transmitir la vida, como la primera, las dos completan al hombre. [...] Quien pierde una de las mitades, pierde naturalmente la mitad de su existencia; y hay casos, no raros, en los que la pérdida del alma exterior implica la de la existencia entera. [...] Ahora, es necesario saber que el alma exterior no es siempre la misma... (Gledson, 2008, p. 153).

Después de su introducción sobre el tema, el personaje Joãozinho empieza la siguiente narración: le sucedió que al nombrarlo alférez de la Guardia Nacional, y soportar la envidia y el resentimiento ajenos y recibir los elogios de su familia, ambos gratificantes y reaseguradores, va a visitar

---

[17]   En español, "El espejo. Un esbozo de alma humana".

a una tía que vivía en un lugar lejano. Allí se multiplican los elogios, repetidos por un viejo y hasta por los esclavos de la casa. Mostrando gran consideración, su tía colocó en su habitación un espejo grande. Tantas distinciones hicieron crecer su alma exterior –todo lo que se refería a su grado de alférez–, disminuyendo su alma interior, su propia humanidad. Según el narrador, sucedió lo siguiente:

> El alférez eliminó al hombre. Durante algunos días las dos naturalezas se equilibraron; pero no tardó mucho para que la primitiva cediera a la otra; me quedó una parte mínima de humanidad. Lo que sucedió entonces, fue que el alma exterior, que era antes el sol, el aire, el campo, los ojos de las jóvenes, cambió de naturaleza y pasó a ser la cortesía y los halagos de la casa, todo lo que se refería al grado, nada de lo que se refería del hombre.

Un imprevisto hizo que la tía y su compañero se ausentaran y, aprovechándose de esto, los esclavos se escaparan. Solo, sin elogios constantes, sin las consideraciones que le alimentaban el alma exterior, el narrador se desespera, se siente un sonámbulo, un autómata.

Sólo un sueño le devuelve la imagen perdida que las personas habían dejado de manifestar: "En sueños, me uniformaba con orgullo, en el medio de la familia y de los amigos, que me elogiaban el garbo, que me decían alférez...". La solución fue ponerse el uniforme y pararse frente al espejo, que ejerce su función reaseguradora contra el temor del despedazamiento: "El vidrio reprodujo entonces la figura integral: ninguna línea de menos, ningún contorno diferente; era yo mismo, el alférez, que encontraba, por fin, el alma exterior. Esa alma ausente con la dueña, dispersa y fugada con los esclavos, estaba allí reconocida en el espejo". Y así lo hizo, para sobrevivir durante un tiempo más: todos los días se ponía el uniforme y se quedaba algunas horas frente al espejo. Al terminar la narración, antes de

que los oyentes volvieran en sí del asombro, el narrador
había desaparecido.

En esta ficción se pueden resaltar dos aspectos principales para reflexionar sobre la cuestión de la identidad: el
primero, el papel de la *atribución* y de la *pertenencia* en la
forma de verse y representarse del personaje, y el segundo,
la *importancia* de la *profesión* como *estatus social*, lo que
se le atribuye al personaje de una manera casi repentina.

Joãozinho, como le decía su familia, un joven que
estaba siempre rodeado de muchachas, admirado por sus
cualidades de joven muchacho, al haberle otorgado el título
de alférez que, por ser motivo de envidia y resentimiento
de muchos, le confiere gran valor, se pasa a identificar con
aquella forma identitaria tan valorada por la comunidad a
la que pertenecía –familia, amigos y vecinos– y por la sociedad: alférez de la Guardia Nacional. Aunque la nueva forma
identitaria no involucrara la actividad como posibilidad
de materialización, el lindo uniforme cumplía ese rol, y al
ponérselo, dejaba de ser Jacobino, como antes le decía la
tía, y pasaba a ser el alférez. A propósito, nadie más le decía
Joãozinho, aunque insistiera. Todos se dirigían a él como
alférez, incluso las personas más cercanas de su familia.

Según Ciampa (1986), la primera forma que nos identifica es el nombre. Es a través de éste que nos reconocemos
desde muy pequeños, que nos diferenciamos al darnos
cuenta de que nos designa y de que es gracias a él que los
otros nos reconocen. El cambio en la forma de llamar al
personaje tiene un gran peso en su proceso de identificación
con el nuevo rol. Los elogios, los halagos y las referencias
constantes a la importancia de su grado, que le hacían las
personas queridas, promovían una identificación tal con
el alférez que los aspectos más generales de su identidad
permanecían ocultos. Tomando la idea de Ciampa sobre
rol y personaje, el personaje Joãozinho, al asumir el papel preestablecido de alférez, se identifica con él y pasa a

representarse como tal. Entonces, cuando aparece como representante de sí, la representación que prevalece es la de alférez, teniendo en cuenta las atribuciones de los otros que lo rodean.

No obstante, hay una tensión entre las atribuciones y la pertenencia, pues como dice la narración, por algún tiempo el alma de adentro (Joãozinho) y el alma de afuera (alférez) se equilibran. Sin embargo, lo que aparece en la ficción es que en este proceso de tensión, prevalece la atribución –el alma de afuera– en el plano de lo relacional: lo que los otros reconocen, lo que los otros le dicen que es. Y entonces, él pasa a narrarse como alférez.

Lo que sucede es que, a partir del momento en el que los otros no están más presentes para reconocerlo como alférez, sus posibilidades de identificación se reducen y se da cuenta de que sin el alférez tampoco es más Joãozinho. Recurre al uniforme y al espejo y, frente a éste, se reconoce como alférez, porque lo que ve en el espejo es la imagen que los otros construyeron de él.

Consideraciones finales

Estas breves consideraciones permiten pensar el movimiento de constitución de la identidad profesional, en este caso, de los profesores. La importancia del estatus de la profesión docente no se asemeja, ni un poco, al estatus de un alférez de la Guardia Nacional de entonces, justamente por la falta de reconocimiento de la sociedad y de las comunidades sobre la importancia de esa profesión. Entonces, ¿cuáles son las posibilidades de identificación con un papel que no es reconocido? Sin embargo, existe el estatus de la formación superior, la cual es reconocida a partir de los rituales de finalización: el diploma, las fiestas de graduación, la colación de grado, etc. ¿Serían estos elementos los que promueven la identificación de los recién graduados con la profesión? Si es así, ¿cómo sustentar tal identificación, sin el reconocimiento de los otros en las prácticas sociales de las que participa?

Los profesores pasan a ejercer sus actividades docentes, aunque no se identifiquen con la profesión: hay que considerar esta posibilidad; y si no es la túnica blanca (equivalente al uniforme del alférez) que materializa su identidad, es, sin duda, la actividad en la escuela, en la relación con los alumnos, los profesores, los padres, los contenidos, las prácticas de la enseñanza, las representaciones construidas sobre la profesión. Además, la nominación por parte de otros como "profesor/a" constituye el equivalente a un reconocimiento social y atribución de rol. Es en este proceso, entonces, que la identidad profesional se va constituyendo y, claro, de una forma mucho más compleja que la narrada en el cuento de Machado de Assis. Participan de esta constitución todas las representaciones constituidas en la vida y en la formación del profesor, todas las acciones e interacciones que involucran a la profesión docente, en un proceso de tensión entre lo que él es y lo que le dicen que es, de lo que deriva una síntesis que constituye la historia con la que el profesor se narra, que se cuenta a sí, sobre sí mismo.

Esta síntesis, entonces, incorpora las *atribuciones* y las *pertenencias*: ellas sería el espejo del alférez, en el que el profesor se ve a sí a través de los ojos de todos los otros que le atribuyen características diversas y, a diferencia del alférez, ve y asume sus elecciones en cuanto a las pertenencias que hacen de él un verdadero educador.

Se mantiene como desafío descubrir cómo la fluidez que caracteriza la vida posmoderna y la inseguridad que permea las prácticas sociales, especialmente las educativas, se insertan en la tensión entre atribución y pertenencia en el movimiento de constitución de la docencia.

Referencias

Bauman, Z. (2005), *Identidade: entrevista a Benedetto Vecchi*, Río de Janeiro, Jorge Zahar.

Ciampa, A. C. (1986), *A estória do Severino e a história da Severina*, San Pablo, Editora Brasiliense.

Costa, J. F. (1989), "Psicoterapia e doença dos nervos", *Psicanálise e contexto cultural*, Río de Janeiro, Brasil, Campus, pp. 17-39.

Dubar, C. A. (1997), "Para uma teoria sociológica da identidade", *A socialização*, Porto, Porto Editora, pp. 103-120.

Dubar, C. A. (2006), *Crise das Identidades, a interpretação de uma mutação*, Porto, Brasil, Afrontamento.

Erikson, Erik H. (1972), *Identidade, juventude e crise*, Río de Janeiro, Zahar.

Faria, E. y Souza, V. L. T (2009), "O conceito de identidade e sua apropriação nos estudo sobre formação de professores", trabajo presentado en XIV Encontro de Iniciação Científica da PUC-Campinas, setembro, Brasil.

Giddens, A. (1990), *The Consequences of Modernity*, Cambridge, Polity Press.

Gledson, J. (2008), *Cinquenta Contos de Machado de Assis*, San Pablo, Cia das Letras.

Goffman, E. (1985), *A representação do eu na vida cotidiana*, Petrópolis, Vozes.

González Rey, F. (2003), *Sujeito e subjetividade*, San Pablo, Thomson.

Habermas, J. (1990), *Para a reconstrução do materialismo histórico*, San Pablo, Brasiliense.

Hall, S. (2006), *A Identidade Cultural na Pós-modernidade*, San Pablo, DPyA Editora.

Jacques, M. G. (1998), "Identidade", en Strey, M. N. *et al.* (orgs.), *Psicologia social contemporânea*, Petrópolis, Vozes, pp. 159-167.

James, W. (1920), *The Principles of Psychology*, Chicago, Encyclopedia Britannica, Inc., 1952 [1890]. Great Books of Western World, 53.

Kaufmann, J. C. (2004), "A invenção de si: uma teoria da identidade", en P. G. Winch, *Formação da Identidade profissional de Orientadores de Estágio Curricular Pré-Profissional: marcas de um possível coletivo*, dissertação de Mestrado, Universidad Federal de Santa María, Santa María, pp. 290-368.

Lane, S. T. M. y Codo, W. (orgs.) (1984), *Psicologia Social: o homem em movimento*, San Pablo, Brasiliense.

Machado de Assis (2003), *O Espelho (Esboço de uma nova teoria da alma humana)*. Disponible en línea: http://virtualbooks.terra.com.br/freebook/port/O_Espelho.htm (consulta: 7 de septiembre de 2009).

Marc, E. (2005), *Psychologie de l'identité : soi et le groupe*, París, DUNOD.

Mead, G. (1934), *Mind, Self and Society*, Chicago, University of Chicago Press.

Moreira Leite, D. (1997), "Educação e relações interpessoais" en PATTO, M. H. S., *Introdução à Psicologia Escolar*, San Pablo, Casa do Psicólogo, pp. 234-257.

Morin, E. (1996), *Epistemologia da complexidade*, Porto Alegre, Artes Médicas.

Neto, F. (1985), "Identidades migratórias", *Psiquiatria Clínica*, 6, 2, pp. 113-128.

Winch, P. G. (2009), *Formação da Identidade profissional de Orientadores de Estágio Curricular Pré-Profissional: marcas de um possível coletivo*, Universidad Federal de Santa María, Santa María.

CAPÍTULO 5
MEMORIA Y BIOGRAFÍAS DE FORMACIÓN:
APROXIMACIONES A LA TEORÍA DE LAS
REPRESENTACIONES SOCIALES

Marília Claret Geraes Duran y Norinês Panicacci Bahia

Consideraciones preliminares

Este capítulo tiene el objetivo de introducir al lector en la discusión de las llamadas "biografías de formación" para el estudio de las representaciones sociales de estudiantes sobre procesos formativos. Pretende ser una contribución para el entendimiento de "por qué" y "para qué" estudiar representaciones sociales considerando un abordaje psicosocial, que articula memoria y narrativas de formación / saberes biográficos. Es una discusión relacionada con aspectos teórico-epistemológicos, más que con aspectos técnico-metodológicos, aunque estos últimos también son considerados.

El trabajo se organiza en tres movimientos. El primero trae una discusión de los "estudios sobre la memoria" considerando aquellos autores que nos ayudan a pensar la memoria como trabajo. Desde una perspectiva histórico-cultural del desarrollo humano, las contribuciones se organizan en una concepción de la memoria humana como "elaboración social", considerando el papel del signo lingüístico en la formación de la subjetividad, y el papel del lenguaje en las interacciones que el sujeto establece con el otro y con la cultura. El segundo movimiento, destaca los hilos teórico-metodológicos y las llamadas "disputas epistemológicas" en torno a la utilización del llamado método biográfico o (auto)biográfico, o como tema genérico de las "historias de vida", en la perspectiva de su consolidación como método de investigación en las ciencias sociales y humanas. El tercer movimiento presenta aproximaciones a la Teoría de las Representaciones Sociales, problematizando la contribución de las biografías formativas y emancipadoras para el estudio de las representaciones sociales, considerándolas como una réplica interiorizada del sujeto, en la acción de formarse. Al tener en cuenta las contradicciones intrínsecas de tal abordaje en que "la diversidad y el proceso son privilegiados", un abordaje "que no se quiebra en las fronteras entre las disciplinas" (Morin, 1984, p. 14), estamos interesadas en esa posibilidad humana de ser complejo, o sea, de ser "al mismo tempo psíquico, sociológico, económico, histórico, demográfico" (Spink, 1993, p. 306).

Retomando a Heráclito y recordando su bella imagen (el tiempo es como un río): "En los mismos ríos entramos y no entramos, somos y no somos; no se entra dos veces en el mismo río" (Heráclito, citado en Cardoso Jr., 2005, p. 343). O sea, el río es y no es el mismo, porque no para de pasar; aquellos que se bañan en el río tampoco son los mismos, ellos se dejan llevar por el río. Más que eso: pensando el concepto de subjetividad en la clave heraclitiana, Cardoso Jr. (2005) nos hace recordar que "un proceso de subjetivación está para el río, así como remansos están para la corriente" (p. 346). Explica:

> Remansos son como riachuelos que corren dentro de un río mayor. Ellos tienen sus propias corrientes, que muchas veces invierten el sentido de la corriente mayor, la despliegan haciendo pequeños torbellinos que describen cierto trayecto dentro del río, más próximo de los márgenes, hasta deshacerse. Podemos decir que esos remansos son excesos del río, pues son remolinos que se forman en función de la corriente principal. Pero ellos son igualmente recesos del río, o sea, los remansos de la subjetivación funcionan como

puertas por las cuales nuevas aguas entran o son perdidas para el río mayor. [...] El río mayor tiene una capacidad de erosión, pero los remansos de la subjetividad evidencian una potencia de inclusión, o sea, un descanso en medio del movimiento. La subjetivación está abierta para el río, pero igualmente ofrece protección contra la corriente corrosiva. Es el único lugar donde un sujeto, un yo, una identidad puede medrar... crecer, desarrollarse (Cardoso Jr, 2005, p. 236).

La originalidad del proyecto foucaultiano está en situar el sujeto en el campo de las condiciones históricas de su producción, lo que significa considerar la tensión que se establece entre las relaciones de poder que hace emerger, en un contexto determinado, una posibilidad discursiva para el sujeto. En ese sentido, es más apropiado que digamos "procesos de subjetivación" (Deleuze y Guattari, 2000), o aun procesos de "producción de subjetividad" (Guattari y Rolnik, 1986; Deleuze y Guattari, 2000). O sea, mientras el término sujeto nos remite a algo ya dado, en el sentido de un efecto que se produjo o de algo que se individualizó, los procesos de subjetivación y la producción de subjetividad preguntan, anteriormente, por las condiciones de producción de ese sujeto. Estamos situándonos en los dispositivos y condiciones que posibilitaron el surgimiento de determinados modos de subjetivación (Deleuze y Guattari, 2000). De esta forma, Deleuze y Guattari (2000), se preguntaron, retomando a Foucault (2008), por las condiciones o vectores de subjetivación, es decir, por tipos de subjetividades que están siendo producidas en función de determinadas condiciones.

Sujeto... subjetividad... narrativas de sí

Analizar la narrativa de sí posibilita transitar los caminos que el sujeto recorre en cuanto constructor de su

propia historia, porque las experiencias vividas, marcadas
por aspectos formativos y profesionales a partir de su inserción en un determinado contexto cultural y colectivo,
intervienen en la construcción de su identidad. Ese contexto
ejerce influencias en sus decisiones, en su modo de ser, e
incluso, en las formas como se expresa o como "habla de
sí", volviéndose "autor de sí mismo".

> Se pide que el autor rinda cuentas de la unidad de texto
> puesta bajo su nombre; se le pide que revele, o al menos
> sustente, el sentido oculto que los atraviesa; se le pide que
> los articule con su vida personal y sus experiencias vividas,
> con la historia real que los vio nacer. El autor es aquel que
> da al inquietante lenguaje de la ficción sus unidades, sus
> nudos de coherencia, su inserción en lo real (Foucault,
> 2008, pp. 27-28).

Eso significa comprender que esa "inserción en lo
real" incluye un componente político –vinculado con el
poder– que ejerce el sujeto que se narra, porque ese ejercicio
contextualiza su propia vida y revela caminos y desvíos im-
pregnados de las influencias propias de un contexto social.

> Todo discurso manifiesto reposaría secretamente sobre un
> "ya dicho", y ese "ya dicho" no sería simplemente una frase ya
> pronunciada, un texto ya escrito, sino un "jamás dicho", un
> discurso sin cuerpo, una voz tan silenciosa como un soplo,
> una escritura que no es más que el hueco de sus propios
> trazos. Se supone así que todo lo que al discurso le ocurre
> formular se encuentra ya articulado en ese semisilencio que
> le es previo, que continúa corriendo obstinadamente por
> debajo de él, pero al que recubre y hace callar. El discurso
> manifiesto no sería a fin de cuentas más que la presencia
> represiva de lo que no dice, y eso "no dicho" sería un vacío
> que mina desde el interior todo lo que se dice (Foucault,
> 1972, p. 40).

El sujeto *se narra* con propiedad y conocimiento sobre
sus experiencias realizadas en un discurso marcado por

influencias vividas, y eso significa comprender que su discurso es amalgamado por otros, de otros sujetos, porque comparten un mismo contexto social. O sea, nos "volvemos lo que somos" por las relaciones que establecemos con otros, por la similitud con el otro, por las influencias de las instituciones y sus censuras impuestas, por lo que puede ser dicho o no dicho, o aun por la valorización o no de un determinado discurso.

Para Foucault (2008), la escucha se ejerce siempre en el mantenimiento de la censura. Escucha de un discurso que es investido por el deseo, y que se cree –para su mayor exaltación o mayor angustia– cargado de terribles poderes (p. 13). Esa relación entre el saber (expresado en un discurso) y el poder (que traspasa por el tejido social), posibilita un análisis más amplio sobre los contenidos expresados en las narrativas propias, porque están impregnadas de otros elementos que son parte de la constitución de la narrativa de un sujeto.

En ese sentido, "el ser se constituye históricamente como experiencia, o sea, como pudiendo y debiendo ser pensado" (Foucault, 2007, p. 12), porque las posibilidades de moldarse en una o en otra experiencia, aprovechar aquello que le es más significativo, requiere opciones, pero no siempre con la claridad de que pueden estar impregnadas de otros sentidos, de imposiciones y de influencias propias del contexto en que se vive una experiencia. A ese conjunto de factores, traspasa la subjetividad, en el sentido de que hay un carácter individual, particular, que pertenece al sujeto único, y que determina sus elecciones, o la selección de aquello que le es significativo, porque "existen momentos en la vida donde la cuestión de saber si se puede pensar diferente de lo que se piensa, y percibir diferentemente de lo que se ve, es indispensable para continuar mirando o reflexionando." (Foucault, 2007, p. 13).

Reflexionar sobre la propia historia y organizarla con la intención de *narrarse* exige un ejercicio profundo de retomar las influencias recibidas de diversos contextos y el entrecruzamiento de saberes propios con otros saberes. Las opciones acerca de la forma como esta narrativa se dará, también está impregnada de elecciones, de definiciones que son hechas a partir de un elenco de acontecimientos, considerando lo que le es más relevante y de qué modo eso será presentado, narrado, transmitido. Un sujeto puede narrar su historia de diferentes formas y eso puede significar un buen ejercicio para descubrir la posibilidad, o la osadía de pensar diferente, porque "el trabajo de pensar su propia historia puede libertar el pensamiento de aquello que piensa silenciosamente, y permitirle pensar de manera diferente." (Foucault, 2007, p. 14).

Primer movimiento: estudios sobre memoria

El libro *Memória e sociedade: lembrança de velhos*, de Ecléa Bosi,[18] es seguramente una referencia fundamental para esta discusión: primero, porque como definió Octavio Ianni en la solapa del libro, "su libro es una linda lección de ciencia y vida". Segundo, porque es una tesis defendida en el campo de la psicología social. Tercero, porque como muy bien señala João Alexandre Barbosa (1994), uno de los examinadores en la Mesa de Defensa:

> Dando existencia escrita al habla, Ecléa Bosi permite vincular acción, traducida por el trabajo de los personajes, a su propia posición de investigadora, de donde resulta el retrato del oprimido, pero sin el pesimismo, por así decir,

---

[18] *Memoria y sociedad: recuerdo de viejos*, libro publicado por la *Companhia das Letras*, y que presenta la tesis de doctorado defendida por la autora en 1979.

aristocrático de un Paulo Prado, y sí a través de una alegría que sólo en la superficie es paradójica, pues es producto de una oposición básica entre lo concreto del trabajo y la abstracción del pensamiento generalizador (p. 14).

Bosi (1994) insiste en dos negativas para delimitar el ámbito de su estudio: "No pretendí escribir una obra sobre la memoria, tampoco sobre la vejez. Quedé en la intersección de esas realidades: recolecté memorias de viejos" (p. 39). Pero ella hizo más; no sólo recolectó, sino también dio existencia a esas memorias, como afirma Barbosa en el prefacio del libro. Y al dar existencia a esas memorias, estableció un itinerario que permitió entrever, en las memorias recolectadas, un estudio de clase social, porque los "viejos narradores" están vinculados por una noción "implicada del trabajo y de las relaciones sociales", y configuran una clase dos veces oprimida: por la dependencia social y por la vejez. Así, es la propia intersección metodológica de la autora lo que muestra su verdadero rostro, o sea, "es la propia realidad social que articula vejez y memoria" (Bosi, 1994, p. 12). Tal vez esté aquí enunciada una de las premisas básicas para un trabajo que pretenda "recolectar" las historias de vida, para dar existencia a esas "historias", para "dar voz" a los desautorizados de siempre...

Dos aspectos señalados por Marilena Chauí (1994) en la presentación de la obra de Bosi ponen en evidencia el modo de trabajar de la autora: el primero de ellos dice respecto a la concepción de ciencia, o por lo menos, al tipo de ciencia que la psicología social cree estar haciendo al conferir a la sociedad industrial el estatuto de la objetividad y de la racionalidad, eligiéndola como tema de investigación, dándole necesidad y universalidad, haciéndola canon de lo real, dando al mundo social históricamente determinado y sometido al poderío de una clase o estatuto de una "cosa" casi natural y de una idealidad inteligible (p. 24). No es esta ciencia que interesa a Bosi, una ciencia cuyos resultados tienden a la simplificación, a la generalización, al empobrecimiento de la complejidad real de la existencia de seres concretos. Al contrario, procura captar "el modo por el cual el sujeto va mezclando en su narrativa memorialista la marcación personal de los hechos con la estilización de las personas y situaciones" (Chauí, 1994, p. 26).

Otro aspecto importante señalado por Chauí (1994), en el modo de trabajar de Bosi, tiene que ver con la idea de *comunidad de destino*: sufrir de manera irreversible, sin posibilidad de retorno a la antigua condición, el destino del sujeto observado. Así, en el plano de la *materia* trabajada, la vejez creó la comunidad de destino entre el observador y el observado, pero es "el *hacerse* de la comunidad de destino" lo que devela el modo propio en que la autora trabaja la vejez memoriosa. Trabajando en la "densidad del mundo oral", realizando la "tesis sobre la tradición de los oprimidos" (Chauí, 1994, p. 28), su método, su modo de trabajar, respeta de manera más completa el objeto.[19]

Los dos primeros capítulos del libro – "Memória-sonho, memória-trabalho" y "Tempo de lembrar"[20]– son una reflexión sobre el fenómeno de la memoria en sí, su "nexo íntimo con la vida social", y la función de la memoria en la vejez. Para "enfrentar la tarea de entendimiento de las narrativas" se utilizan autores que "centraron en la memoria su reflexión" (pp. 43-69; pp. 73-92). Y será con esos autores que estaremos estableciendo una de las marcas teóricas de este trabajo, en que el estudio de la memoria está en

---

[19]   Aunque Bosi tenga claro que la expresión "objeto de investigación" podrá repugnar a los que trabajan con ciencias humanas, aclara que esa objetividad no debe ser entendida como "tratar el sujeto a la manera de cosa". Afirma que en esa investigación fue al mismo tiempo sujeto y objeto: sujeto, mientras indagaba, quería saber; objeto cuando oía, registraba, un instrumento de recibir y transmitir la memoria de alguien. Es importante señalar que su trabajo fue escrito en 1979.

[20]   "Memoria-sueño, memoria-trabajo" y "Tiempo de recordar".

la intersección de las discusiones entre representaciones sociales y biografías de formación.

Bosi (1994) inicia su discusión con Henri Bérgson, autor de la obra *Matière et mémoire*, de primera edición en 1896. Considera que ese autor escribe una rica "fenomenología del recuerdo", además de evidenciar una serie de distinciones cuyo principio central reside en el entendimiento de la memoria como *conservación del pasado* (pasado que sobrevive, sea llamado por el presente sobre la forma de recuerdos, sea en sí mismo, en estado inconsciente). Para este autor, "el recuerdo es la sobrevivencia del pasado. El pasado, conservándose en el espíritu de cada ser humano, aflora a la conciencia en la forma de imágenes-recuerdo. Su forma pura sería la imagen presente en los sueños y devaneos" (Bosi, 1994, p. 53).

Halbwachs (1925) es otro autor importante en este contexto, también presentado por Bosi, con sus obras *Les cadres sociaux de la mémoire*, de 1925, y *La mémoire colletive*,[21] de 1956, autor que estudiará a la memoria como "los cuadros sociales de la memoria". Pero, como analiza Bosi, no se trata de hacer una yuxtaposición de "cuadros sociales" e "imágenes evocadas". Halbwachs "ata la imagen de la persona a la memoria del grupo; y esta última a la esfera mayor de la tradición, que es la memoria colectiva de cada sociedad" (Bosi, 1994, p. 55). En ese sentido, podemos decir que los estudios de Halbwachs también contribuyen para un cambio de foco en la investigación de la memoria humana al revelar su naturaleza grupal, social, institucional. O sea, este autor relaciona memoria a la participación en un grupo social, en que los recuerdos de los otros pueden reorientar nuestros recuerdos. Tal

---

[21] Esta obra fue traducida y publicada en Brasil por la Vértice Editora, 1990 (ver referencias bibliográficas). Esta síntesis está impresa en la contraportada del libro.

perspectiva pone en evidencia el entendimiento de que las memorias individuales no serían independientes, sino puntos de vista de la memoria colectiva.[22]

Bartlett (1932) proporciona un concepto clave para conectar el proceso cultural de un momento histórico dado al trabajo de memoria: el concepto de convencionalización, que él toma prestado de un etnólogo (Rivers) y lo introduce en el área psicosocial, postulando que "la 'materia prima' del recuerdo no aflora en estado puro en el lenguaje del hablante que recuerda; ella es tratada, a veces estilizada, por el punto de vista cultural e ideológico del grupo en que el sujeto está situado" (p. 64), sentido muy próximo al de Halbwachs. En verdad, Bartlett, ya en las primeras décadas del siglo XX, presenta una contribución que redimensiona, por así decir, la cuestión de la memoria en la psicología, enfocando, justamente, el aspecto de la construcción social del recuerdo.

Para Stern (1957), "la unidad personal conserva intactas las imágenes del pasado, pero puede alterarlas de acuerdo a las condiciones concretas de su desarrollo en el presente". De esa forma, presenta una concepción extremamente flexible de la memoria: el recuerdo es la historia de la persona y su mundo, "en tanto vivenciada" (p. 68). Sin embargo, aunque se refiera al extracto objetivo del recuerdo, lo subordina a la subjetividad.

Teniendo en cuenta el cuadro teórico brevemente descripto y la alternancia de presupuestos (Bergson y Stern,

---

[22] Leontiev reconoce la contribución de Halbwachs (como de Durkheim) en relación con el problema del desarrollo de las formas sociales de la memoria humana, de la noción de tempo, del pensamiento lógico en conexión con el desarrollo del lenguaje, del origen de los sentidos superiores y de los comportamientos sociales: diversos hábitos, costumbres, ceremonias, etc. (véase Janet, P., *A evolução da memória e a noção de tempo*, París, 1928; y del mismo autor, *A evolução psicológica da personalidade*, París, 1929).

Halbwachs y Bartlett), Bosi (1994) considera compleja la respuesta a la pregunta sobre cuál es la forma predominante de memoria de un individuo determinado. Y propone como único modo de responderla llevar el sujeto a hacer su (auto)biografía. Para ella, "la narración de la propia vida es el testigo más elocuente de los modos que la persona tiene de recordar. Es *su* memoria" (1994, p. 68). El resultado de las entrevistas permite develar la "substancia social de la memoria". El trazo más marcante de la composición de ese libro, comentado por Barbosa (1994), "es el pasaje del habla a la escritura, en que el narrador (Ecléa Bosi) integra los datos narrativos, confundiendo las memorias de sus personajes con las suyas propias" (p. 14), con la ayuda de la obra de Simone de Beauvoir (1970) y el análisis que Walter Benjamim (1962) hizo del proceso narrativo.

Un aspecto enlazado a la etimología del verbo "recordarse", en francés *sous-venir*, que significa sacar a la superficie lo que estaba sumergido, permite decir que trabajar con la memoria significa ese afloramiento del pasado, combinado con el proceso corporal, con procesos subjetivos e intersubjetivos; significa un movimiento de relacionar aspectos de la vida del sujeto que son fundamentales para la propia existencia y permanencia de la memoria.

Con el trabajo de Bosi (1994) entendemos que "pertenecer a nuevos grupos nos hace evocar recuerdos significativos para el presente y bajo la luz explicativa que conviene a la acción actual" (p. 413). Describiendo la substancia social de la memoria, la autora nos muestra que el grupo transmite, retiene y refuerza los recuerdos; pero es quien recuerda el que trabajando los recuerdos va individualizando la memoria colectiva en aquello que recuerda; en el modo como recuerda permanece lo que tiene significado. Por eso, el modo de recordar es tan individual como social: "El tiempo de la memoria es social, no sólo por el calendario del trabajo, de la festividad, del evento político, sino además por el hecho insólito de que también repercute en el modo de recordar" (Chauí, 1994, p. 31).

Retomando las palabras de Bosi, para rehacer los caminos del discurso, en esa tarea de polemizar diferentes abordajes:

> La memoria permite la relación del cuerpo presente con el pasado y, al mismo tiempo, interfiere en el proceso "actual" de las representaciones. Por la memoria, el pasado no sólo viene a la superficie de las aguas presentes, mezclándose con las percepciones inmediatas, como también empuja, "desplaza" estas últimas, ocupando todo el espacio de la conciencia. La memoria aparece como fuerza subjetiva al mismo tiempo profunda y activa, latente y penetrante, oculta e invasora (1994, p. 47).

La perspectiva sociohistórica

Desde la perspectiva histórico-cultural del desarrollo humano, considerando autores como Vygotsky (1984; 1996), Luria (1990) y Leontiev (1978), las contribuciones se organizan en la perspectiva de una concepción de la memoria humana como elaboración social. Aunque se puedan establecer aproximaciones entre las discusiones de estos autores con las teorías de Bartlett (1932; 1947) y Halbwachs (1925; 1956), se evidencia en los estudios de Vygotsky (1984) sobre la memoria (y también sobre otras funciones) una clara centralidad del signo en la constitución del psiquismo humano.

Este autor considera que la memoria es una función de suma importancia para el comportamiento voluntario, afirmando que la verdadera esencia de la memoria humana está en el hecho de que los seres humanos son capaces de recordar, de un modo activo, con la ayuda del signo. Vygotsky (1984) evidencia que fue la utilización de medios auxiliares, instrumentos, la que le hizo posible al hombre ir más allá de sus posibilidades y limitaciones naturales. O sea, lo que distingue a la memoria humana es el hecho de que está mediada por signos. Entonces, la utilización de los instrumentos culturales es aprendida por los sujetos cuando éstos se apropian de los conocimientos históricamente acumulados por la humanidad y comienzan a organizar sus funciones psicológicas, teniendo como base el uso de conceptos y abstracciones. Tales funciones psicológicas y, más específicamente, la memoria, son internalizadas, volviéndose intrapsicológicas, proporcionando al sistema psicológico un funcionamiento intencional. Así, buena parte de los contenidos recordados por un adulto que haya desarrollado sus funciones psicológicas superiores es mediada por signos internos o externos, como la escrita, que puede aumentar la posibilidad de control de la conducta y del libre albedrío. En este sentido, para él:

> La verdadera esencia de la memoria humana está en el hecho de que los seres humanos sean capaces de recordar activamente con la ayuda de signos. Se podría decir que la característica básica del comportamiento humano en general es que los propios hombres influencian su relación con el ambiente y, a través de ese ambiente, personalmente modifican su comportamiento, colocándolo bajo su control. Ha sido dicho que la verdadera esencia de la civilización consiste en la construcción deliberada de monumentos de forma tal que no se olviden hechos históricos. En ambos casos, del nudo y del monumento, tenemos manifestaciones del aspecto más fundamental y característico que distingue a la memoria humana de la memoria de los animales (Vygotsky, 1984, p. 58).

En su discusión sobre el desarrollo de las funciones psicológicas superiores, Vygotsky (1996) va a mostrar que la memoria elemental se caracteriza por su constitución involuntaria, de base biológica, teniendo una relación directa e inmediata con los estímulos externos, próximos a las informaciones detectadas por los órganos de los sentidos. Ya con el proceso de desarrollo, el individuo va a valerse de instrumentos, o sea, la relación hombre / mundo material es mediada por la utilización de herramientas. Y con el auxilio de instrumentos, el hombre va a dominar, de modo voluntario, la memoria: "El desarrollo histórico de la memoria comienza a partir del momento en que el hombre, por primera vez, deja de utilizar la memoria como fuerza natural y pasa a dominarla" (Vygotsky y Luria, 1996, p. 114).

Lo fundamental de ese abordaje, en la perspectiva aquí problematizada, es el entendimiento de que no es apenas la estructura de la memoria lo que se modifica, sino también las relaciones que la función de la memoria establece con las demás funciones psicológicas: el individuo recuerda o memoriza un contenido que él desea y lo hace por medio de signos auxiliares. Es en ese sentido que para Vygotsky (1996), las funciones psicológicas – como el caso, la memoria– son internalizadas, se vuelven intrapsicológicas, lo que consiste en un funcionamiento intencional del sistema psicológico. La memoria, como uno de los procesos mentales superiores, como proceso en movimiento, en transformación, se desarrolla por la interacción social humana, variando histórica y culturalmente a partir de los conocimientos, de los valores y de las conductas organizadas en términos sociales. Esto significa que la base de los procesos de la memoria está en la vida social del individuo.

Bajtín (1995) es otro autor fundamental en este contexto teórico, ya que toma como tema central de su pensamiento la naturaleza esencialmente dialógica del lenguaje y postula una concepción de ser humano en que el otro es parte constitutiva. Para él, el hombre no existe fuera de la relación con el otro, relación que se da por medio del lenguaje. No es posible separar el dialogismo de las reflexiones sobre el hombre, la alteridad, el lenguaje, perspectiva que revela la estética humanística bajtiniana, que es sintetizada en el par comunicativo "yo-otro".

> Comprender la enunciación de otro significa orientarse en relación con ella, encontrar su lugar adecuado en el contexto correspondiente. A cada palabra de la enunciación que estamos en proceso de comprender, hacemos corresponder una serie de palabras nuestras, formando una réplica. [...] La comprensión es una forma de diálogo; ella está para la enunciación así como la réplica está para otra en el diálogo. Comprender es oponer a la palabra del locutor una contrapalabra (Bajtín, 1995, p. 132).

La comprensión sólo ocurre con los conceptos, con las palabras que fueron interiorizadas –las palabras propias– y que funcionan como palabras de comprensión, que Bajtín (1995) llama "contrapalabras". Nada es incorporado de manera ingenua, sino "como producción y elección de sentidos". Al constituir esa comprensión, el sujeto se constituye socialmente, por la internalización de signos. De la misma forma que los hombres, históricamente, crean y usan instrumentos en su relación con la naturaleza para transformarla y dominarla, así también crean y usan, en el uso de la historia, los signos: el lenguaje, la escrita, los números. Es a través de la internalización de los signos que incorporan la cultura y se vuelven capaces de actuar como sujetos históricos que producen cultura. El lenguaje, entendido como producción y elección de sentidos, desempeña un papel esencial en la constitución del psiquismo, en la constitución de la subjetividad del sujeto. Es el que organiza la acción humana (Vygotsky, 1984). O sea, en la concepción bajtiniana es imposible concebir el "ser", el "yo" fuera de las relaciones con el "otro". Una discusión respecto del papel fundamental del "otro" para "cada uno", formulado por Bajtín (1995), se encuentra en el trabajo de Da Cunha (2005), "Dialogismo en Bajtín e Iakubinskii":

Sólo me vuelvo consciente de mí, sólo me vuelvo yo mismo revelándome para otro, a través de otro y con la ayuda de otro. Los actos más importantes, constitutivos de la conciencia de sí se determinan por una relación con otra conciencia (a un tú). La ruptura, el aislamiento, el encerramiento en sí es la razón fundamental de la pérdida de sí [...]. El ser mismo del hombre es una comunicación profunda. Ser significa comunicar. Ser significa ser para otro, y a través de él, para sí. El hombre no posee territorio interior soberano, él está enteramente y siempre en una frontera; mirando para sí, él mira a los ojos de otro o a través de los ojos de otro. Yo no puedo prescindir de otro, no puedo volverme yo mismo sin otro; yo debo encontrarme en otro, encontrando otro en mí (en el reflejo, en la percepción mutua) (Bajtín, citado en Da Cunha, 2005, p. 6).

Se destaca en este contexto el papel del signo lingüístico en la formación de la subjetividad, el papel del lenguaje en las interacciones que el sujeto establece con el otro y con la cultura; se destaca, también, el papel de los signos ideológicos, de los instrumentos culturales que, específicos de cada época, modifican cualitativamente el funcionamiento de las funciones mentales: memoria, inteligencia, imaginación, percepción.

Las consideraciones de Bajtín (1992) son importantes cuando pensamos en la perspectiva autobiográfica y biográfica, que él examina considerando su héroe y su autor, y que entiende como "narrativa de una vida". Afirma:

Entiendo por biografía o autobiografía una forma tan inmediata cuanto posible, y que me sea trascendente, mediante la cual puedo objetivar mi yo y mi vida en un plano artístico. Vamos a examinar la forma de la biografía sólo en sus aspectos que puedan servir para la autoobjetivación, o sea, en lo que puede ser autobiográfico en el plano de una eventual coincidencia entre el héroe y el autor o más exactamente (pues, en verdad, la coincidencia entre el héroe y el autor es una *contradictio in adjecto*, en la medida en que el autor es parte integrante del todo artístico y como tal no podría, dentro de ese todo, coincidir con el héroe que también es parte integrante de él. La coincidencia de personas "en la vida", entre la persona de que se habla y la persona que habla, no elimina la distinción existente dentro del todo artístico; y, de hecho, se puede formular la pregunta: ¿cómo me represento a mí mismo? Pregunta esta que se distinguirá de otra: ¿quién soy yo?), que no particulariza el autor en su relación con el héroe (1992, p. 165).

Bajtín (1992) considera el valor biográfico como lo menos trascendente a la autoconciencia, lo que vuelve posible la coincidencia de personas entre el héroe y el autor; entiende realmente que el valor biográfico puede ser el principio organizador de lo que yo mismo he vivido, o sea, la narrativa que cuenta mi propia vida y, por eso, puede dar forma a mi conciencia, a la visión, al discurso que tendré sobre mi vida (p. 166). Otro aspecto que queremos destacar es la definición que hace de la narrativa. Escribe:

El autor de la biografía es el otro posible [...] que penetró en mi conciencia y que con frecuencia gobierna mi conducta, el juicio de valor y que, en la visión que tengo de mí, viene a colocarse al lado de mi yo-para-mí; es el otro instalado en mi conciencia (p. 166).

Segundo movimiento: disputas epistemológicas en torno de la utilización del llamado método biográfico

En la introducción de la antología *El método (auto) biográfico y la formación*, Nóvoa y Finger (1988), buscando situar históricamente el método biográfico y su integración en el campo de las ciencias sociales y humanas, problematizan importantes polémicas epistemológicas y metodológicas que opusieron tal método a una práctica positivista de las ciencias sociales. Concordamos con los autores cuando dicen que, aún hoy, la lucha por el reconocimiento de un estatuto científico al método biográfico se mantiene viva en el campo de las ciencias sociales, y entendemos también que su introducción en otros campos del conocimiento, en especial en los campos de la educación y de la psicología social, ha provocado grandes debates teórico-epistemológicos, como aquellos de cuño más ideológico.

En esa perspectiva, retomamos algunos de los argumentos que Ferrarotti (1988) presenta en su artículo "Sobre la autonomía del método biográfico", que marcaron la consolidación de la biografía como método autónomo de investigación en el interior de las ciencias sociales.

Ferrarotti (1988) presenta una contribución importante, situándose desde las ciencias sociales, específicamente desde la sociología, al explorar el carácter sintético de la narrativa autobiográfica. Reconocía una doble exigencia de ese interés creciente por el uso sociológico de la biografía: primero, la necesidad de una renovación metodológica, provocada por la crisis generalizada de los instrumentos heurísticos de la sociología; segundo, la exigencia de una nueva antropología, que se imponía por la necesidad de lo concreto, por la necesidad de comprensión de la vida cotidiana, de sus dificultades y contradicciones. Ferrarotti confiesa que, al mismo tiempo, "tenía conciencia del peligro literario" de las biografías individuales (1988, p. XX).

En otras palabras, "la crítica a la objetividad y a la nomotética, que caracterizan, en el caso, la epistemología sociológica, tuvo como consecuencia la valorización creciente de una metodología más o menos alternativa: el método biográfico" (Ferrarotti, 1988, p. 20). Este autor reflexiona acerca del uso que los sociólogos hicieron de las biografías, contribución que nos puede ayudar a pensar en relaciones con la psicología social y con la educación. Escribe:

Subjetivo, cualitativo, ajeno a todo esquema hipótesis-ve-
rificación, el método biográfico se proyecta desde el punto
de partida fuera del cuadro epistemológico establecido de
las ciencias sociales. La sociología no aceptó el desafío que
le era lanzado por esta diversidad epistemológica, e hizo
todo para reconducir el método biográfico al el interior del
cuadro tradicional. ¡Y a qué precio! Por medio de un doble
desvío epistemológico, se buscó utilizar el método biográfico, anulando completamente su especificidad heurística
(1988, p. 21).

Es preciso completar esta afirmación explicitando el
significado de ese empobrecimiento epistemológico: la
transformación de la biografía en "protocolo en bruto",
el no reconocimiento de la autonomía heurística de la
biografía, transforma a la biografía en "vehículo y soporte
concentrado de informaciones de base", o sea, la biografía
es utilizada con el objetivo de recolectar "fuentes orales"
como fuente de informaciones, o aun como "rebanada
de vida" social utilizable como ejemplo. Retomando las
discusiones de Ferrarotti:

> Esta reducción de la biografía a una yuxtaposición de infor-
> maciones y a una ejemplificación nos hace volver a lo que
> llamábamos una apuesta epistemológica. Los dos elemen-
> tos que hacen la especificidad de la biografía constituyen
> obstáculos que tenemos que contornar o que superar. La
> subjetividad y la exigencia antinomotética de la biografía
> definen los límites de su cientificidad; son sus características
> inmanentes, a despecho de las cuales el método biográfico
> conserva a pesar de todo algún valor heurístico (1988, p. 23).

Como destaca el autor, la especificidad –epistemológica, metodológica y técnica– del método biográfico tiene
implicancias en la superación del cuadro lógico-formal
y del modelo mecanicista que caracterizan a la epistemología científica clásica. El potencial heurístico de la
biografía se expresa, justamente, en sus características

esenciales: subjetividad e historicidad. La opción por el método biográfico significa, entonces, asumir otro cuadro epistemológico, significa romper con el cuadro epistemológico clásico. Y Ferrarotti (1988) sugiere que los fundamentos epistemológicos del método biográfico se asienten en una razón dialéctica capaz de comprender la praxis sintética recíproca, que rige la interacción entre un individuo y un sistema social. O sea:

Razón dialéctica, y por lo tanto razón histórica ajena a todos los "ocasionalismos", capaz de un abordaje de la especificidad "lógica específica del objeto específico" (Marx), capaz de no reducir lo concreto a una construcción conceptual, capaz de "subir de lo abstracto a lo concreto" (Marx).

> Esta razón dialéctica no tiene pretensiones de hegemonía. No tiene nada que ver con el "Diamat" o con el Engels de la *Dialéctica de la Naturaleza*. Reconoce de buena voluntad a la lógica formal y a los modelos deterministas un papel axiomático en las ciencias de la naturaleza. Les reconoce un papel en las ciencias del hombre, en su calidad de ciencias de lo general. Pero cuando se trata de impedir que lo individual sea empujado para lo no-conocible y para el acaso, cuando se trata de tener en cuenta la praxis humana, sólo la razón dialéctica nos permite comprender científicamente un acto, reconstruir los procesos que hacen de un comportamiento la síntesis activa de un sistema social a interpretar, la objetividad de un fragmento de la historia social a partir de la subjetividad no iludida de una historia individual. Sólo la razón dialéctica nos permite alcanzar lo universal y lo general (la sociedad) a partir de lo individual y de lo singular (el hombre) (p. 30).

Esta discusión, en el campo de la psicología social, es retomada por Jovchelovitch (2008), considerando las concepciones dominantes sobre los saberes. La perspectiva dominante es la siguiente:

Sólo podremos alcanzar el saber si nos liberamos de las ilusiones y sesgos de nuestra cultura, de los intereses de la política y de las pasiones que determinan nuestra vida emocional. Liberarse de su substancia humana parece ser la condición necesaria para la emergencia del conocimiento en tanto verdad: para esto debe renunciar a la persona, a la sociedad y a la cultura (Jovchelovitch, 2008, p. 19).

Al retomar la discusión sobre el método biográfico, Ferrarotti propone una opción metodológica que incluye la posición de Sartre acerca de lo "universal singular": "Si todo individuo es la reapropiación singular de lo universal social e histórico que lo rodea, podemos conocer lo social a partir de la especificidad irreductible de una praxis individual" (Sartre, 1979, p. XX). Entendemos que esta opción metodológica retoma el debate epistemológico sobre el papel de la subjetividad en la elaboración del conocimiento.

La constitución del sujeto y de su subjetividad es fundamental en la obra de Vygotsky (1984; 1996), sobre todo en cuanto a la construcción del concepto de conciencia y a la relación constitutiva yo-otro. En ese sentido, el sujeto (y su subjetividad) es constituido en la relación dialéctica del individuo con lo social. Molon (2003), estudiando esta cuestión tanto en lecturas de las propias obras de Vygotsky (1996), como en la de lectores / intérpretes brasileños e internacionales de tales obras, encontró tres entendimientos sobre la constitución del sujeto y de la subjetividad en la obra vygotskyana: una perspectiva que entiende la constitución del sujeto por una vía que privilegia aspectos intrapsicológicos (Jaan Valsiner, 2003); una perspectiva que entiende la constitución del sujeto por una vía que privilegia aspectos interpsicológicos (Wertsch, 1993); una alternativa a esas dos posiciones, una perspectiva en que "la constitución del sujeto no está enlazada ni a un polo ni a otro, mas se da dialécticamente" (Smolka, De Góes y Pino, 2003) posición con la cual nos identificamos.

El método biográfico o (auto)biográfico como método de investigación en las ciencias sociales y humanas

En la dirección de las discusiones anteriores, consideramos fundamental retomar a Finger (1988), quien refiere que "el método biográfico es una reacción al dominio positivista de las ciencias y nace en el contexto de la más fuerte tradición filosófica del tipo hermenéutico". Tal perspectiva nos lleva a entender que el método biográfico provoca procesos de toma de conciencia que pueden ser emancipadores para el individuo y para la sociedad, "pues es a través de ellos que la persona atribuye un sentido a sus propias vivencias y experiencias, así como a las informaciones que le vienen del exterior" (Finger, 1988, p. 85). Finger (1988), problematizando el campo de la educación de adultos, creó el concepto de "formación crítica de los adultos" (p. 85), en los siguientes términos: la educación es siempre política; los adultos necesitan tomar conciencia en su proceso formativo sobre cómo llegaron a interpretar el mundo del modo como lo interpretan. Y el método biográfico contribuye para esto; se trata de un proceso que ayuda a los adultos a elaborar sus identidades, a criticar las ideologías en que están sumergidos, a luchar por la construcción de un orden social en el cual creen (Durán y Santos Neto, 2005, p. 137).

Josso (1998), en su artículo "De la formación del sujeto... al sujeto de la formación", define lo que entiende como una investigación-formación con las tres siguientes cuestiones: ¿cómo es la formación desde punto de vista del sujeto? ¿Cómo se forma el sujeto? ¿Cómo aprende el sujeto?

Introduciendo una discusión en la perspectiva de la formación de adultos, Josso (1998) problematiza la propia palabra "formación", al dejar en evidencia su ambigüedad en la medida en que el concepto no permite distinguir la acción de formar del punto de vista del formador, y la acción de formar del punto de vista de la pedagogía utilizada, o del punto de vista de quien aprende, o sea, de la acción misma de formarse. "La acción de formar puede ser entendida como designando lo que pasa en una actividad educativa, cualquiera que ella sea, y/o como el conjunto de las actividades del sujeto en el transcurso de las cuales él se formó si la reflexión es retrospectiva, o de cómo él se forma si la reflexión se efectúa en el presente" (pp. 37-38).

La localización de tales reflexiones en el campo de la educación de los adultos, según Josso (1998), tiene una incidencia directa sobre el abordaje de los procesos de formación desde punto de vista del sujeto, que se caracteriza por una pedagogía que tiene como objetivo "aprender a aprender", y que concede un lugar destacado a la reflexión sobre las experiencias formadoras que marcan las historias de vida (p. 39). Esta autora considera importante situar que la reflexión sobre el proceso de formación de los adultos pretende:

> Poner en evidencia lo que ellos hicieron de lo que los otros quisieron que ellos fueran [o sea, se trata de un trabajo] para poner en evidencia el hecho de que ellos son sujetos más o menos activos o pasivos de su formación y que pueden darse a sí mismos los medios de ser sujetos cada vez más conscientes (1998, p. 39).

En ese contexto, la construcción de lo que la autora llama "biografía educativa",[23] es entendida en la siguiente perspectiva:

---

[23] "Biografía Educativa designa una narrativa centrada en la formación y en los aprendizajes de su autor, que no es clasificada 'auto' en la medida en que el iniciador de la narrativa es el investigador y [...] el interés de la Biografía Educativa está menos en la narrativa propiamente dicha que en la reflexión que permite su construcción."

[Evidenciar] la primacía del sujeto que aprende en la elaboración de un saber sobre sus aprendizajes. La posición
de exterioridad del investigador constituye aquí un límite,
cuyos efectos de desconocimiento pueden ser atenuados
por la reflexión del investigador sobre su propio proceso
de reflexión (1998, p. 41).

Josso (1988), recurriendo al concepto de integración introducido por Gattegno (1967), habla de presencia
consciente para referirse al sujeto de la formación: "Nos
formamos cuando integramos en nuestra conciencia, y
en nuestras actividades, aprendizajes, descubrimientos y
significados efectuados de manera fortuita u organizada,
en cualquier espacio social, en la intimidad con nosotros
mismos o con la naturaleza" (p. 44). En ese sentido, el
método biográfico es, también, emancipador.

El método biográfico es emancipador, porque retomando a Vygotsky (1991) y a Bajtín (1988), la memoria es
un fenómeno social. Con estos autores, podemos afirmar
que el significado de una biografía educativa y formativa
deriva de una "comunidad de hablantes" aun cuando lo
que es recordado es una experiencia personal: su sentido
deriva de lo social. Retomando a Pineau (1988), entendemos
la biografía formativa emancipadora como "un método
de investigación que busca estimular la autoformación;
el esfuerzo personal de explicitación de una trayectoria de
vida dada obliga a una gran implicación y contribuye para
una toma de conciencia individual y colectiva" (Nóvoa y
Finger, 1988, p. 116). Desde esa perspectiva se hace evidente
el impacto social de las autobiografías, íntimamente relacionado a su paradoja epistemológica fundamental: "La
unión de lo más personal con lo más universal" (Nóvoa
y Finger, 1988). En la perspectiva del método biográfico o
autobiográfico, el papel del investigador se redefine.

Dominicé (1988)[24] destaca el hecho de que el "abordaje biográfico implica una relación nueva del investigador con su objeto de investigación. Esto porque, en una 'interacción profunda y durable', como es exigencia en la construcción de las biografías educativas, no hay posibilidad de neutralidad y de distanciamiento" (p. 101).

Tercer movimiento: aproximaciones a la Teoría de las Representaciones Sociales

Para Franco Barbosa (2004), "la ruptura con la clásica dicotomía entre objeto y sujeto del conocimiento y que confiere consistencia epistemológica a la teoría de las representaciones sociales nos lleva a concluir que el objeto pensado y verbalizado es fruto de la actividad humana, o sea, una réplica interiorizada de la acción" (p. 171). Y es en ese sentido que la autora concuerda con Leontiev (1978) cuando él dice que "las representaciones sociales son comportamientos en miniatura" (p. 174), y le atribuye "una virtud vaticinadora", una vez que, según lo que un individuo dice no sólo podemos inferir sus concepciones de mundo, sino también podemos deducir su "orientación para la acción".

---

[24]   Dominicé (1988) propone cuatro etapas para un itinerario de estudios: una *primera etapa* de reflexión teórica sobre las historias de vida, sobre la noción de proceso de formación; una *segunda etapa* de discusión metodológica sobre la biografía educativa, su especificidad, los problemas de su utilización; la *tercera etapa*, presentación y elección de los ejes de investigación en torno de los cuales los participantes irían organizar las narraciones individuales; la *cuarta etapa*, de elaboración en grupo, en una tentativa de evidenciar algunas líneas de fuerza comunes en las biografías elaboradas por cada uno, considerando como categorías de análisis, aquellas propuestas por Christine Josso (1988), a saber: autonomización / conformización; responsabilización / dependencia; interioridad / exterioridad (p. 46).

Moscovici (1991) problematiza esta cuestión, afirmando que en cada individuo habita una sociedad, incluyendo "la de sus personajes imaginarios o reales, de los héroes que admira, de los amigos y enemigos, de los hermanos y padres con quienes nutre un diálogo interior permanente. Y con los cuales incluso llega a sostener relaciones sin saberlo" (p. 18).

Moscovici (1991) está llamando la atención, justamente, sobre el objeto de la psicología social, proponiendo una primera aproximación: "La psicología social es la ciencia del conflicto entre el individuo y la sociedad". Establece la siguiente formulación:

> La psicología social es la ciencia de los fenómenos de la ideología (cogniciones y representaciones sociales) y de los fenómenos de comunicación. A los diversos niveles (Doise, 1982) de las relaciones humanas: relaciones entre individuos, entre individuos y grupos, y entre grupos (pp. 19-20).

Es en esa dirección que consideramos el proceso de elaboración de representaciones sociales en cuanto formas de conocimiento práctico, como "estructuras estructuradas o campos socialmente estructurados", desde la corriente que estudia el conocimiento del sentido común sostenida por Spink (2007). Esta autora evidencia la importancia de la actividad del sujeto –un sujeto social– en la elaboración de las representaciones sociales, considerando las contribuciones de Jodelet (1984):

> Un individuo adulto, inscripto en una situación social y cultural definida, teniendo una historia personal y social. No es un individuo aislado que es tomado en consideración, mas se trata de respuestas individuales como manifestaciones de tendencias del grupo de pertenencia o de afiliación del cual los individuos participan (Spink, 2007, p. 120).

A partir de esas consideraciones, entendemos a las representaciones sociales como productos sociales que siempre tienen que ser remitidos a las condiciones sociales que los engendraron, o sea, al contexto de producción (Spink, 2007). Al desarrollar una lectura del contexto social marcada no sólo por los factores situacionales, factores estos más usualmente asociados al sistema social –las determinaciones estructurales y las relaciones sociales–, pone énfasis en los diferentes tiempos históricos que atraviesan la construcción de los significados sociales. Y señala tres tiempos de esa perspectiva temporal:

> El tiempo corto de la interacción que tiene por foco la funcionalidad de las representaciones; el tiempo vivido que abarca el proceso de socialización, el territorio del habitus (Bourdieu, 1983), de las disposiciones adquiridas en función de la presencia de la pertenencia a determinados grupos sociales; y el tiempo remoto, dominio de las memorias colectivas donde están depositados los contenidos culturales acumulativos de nuestra sociedad, o sea, el imaginario social (Spink, 2007, p. 136).

Otro aspecto que exige una definición precisa es la relación sujeto / sujeto en articulación con el objeto, que puede ser concebido de manera estática o dinámica, o sea, como una simple "copresencia" o a una "interacción" y que, según Moscovici, "se traduce en modificaciones que afectan el pensamiento y el comportamiento de cada individuo" (2001, p. 22). Tal posibilidad remite a la siguiente definición del autor:

> De estos contados ejemplos se desprende una óptica o enfoque que, transcendiendo la dicotomía "sujeto-objeto", recorre una gama de mediaciones operadas por la relación fundamental con los demás. Reconozco que éste no es más que un pequeño desplazamiento con respecto a la clave habitual de lectura de la psicología y, en ocasiones, de la sociología. [...] El desplazamiento operado implica pasar de una concepción binaria de las relaciones humanas, tan extendida, a una concepción ternaria que, por ser compleja, no es menos rica (1991, p. 23).

Esas consideraciones llevaron Moscovici a definirse como el "narrador de Proust", con la afirmación de que encontró, en el narrador, el "ojo agrimensor, irrigado por las nervaduras de miles de experiencias y abrigado por la retina de la memoria: memoria de las cosas leídas, vistas y escuchadas. Este ojo, mantiene fijamente a cada uno de los personajes en el sitio que les es propio" (1991, p. 23). Pero, para Moscovici, ese mirar también mantiene fijamente los acontecimientos que tejen la historia dentro de la historia; pero personajes y acontecimientos –sujetos individuales y realidades– apenas adquieren sentido considerando la sociedad en que cada uno vive, como escribió Proust: "Nuestra personalidad social es la creación del pensamiento de los demás". Y continúa: "Al final de esta triangulación del campo social, el ojo vuelve a encontrar los rastros de una realidad, cuyo autor puede narrar la teoría" (Moscovici, 1991, p. 24).

Consideraciones finales

Las representaciones sociales son históricamente construidas, dependen de la memoria, están vinculadas de manera estrecha a los diferentes grupos socioeconómicos, culturales, étnicos y a las diversas prácticas sociales. Entonces, comprender cómo van siendo construidas tales representaciones significa comprender el propio proceso de su constitución, proceso que envuelve un análisis sobre cómo los conocimientos de vida, los saberes, los saberes biográficos, van siendo construidos en determinados contextos sociales y en el propio proceso formativo. Las representaciones, "como fenómenos complejos cuyos contenidos deben ser cuidadosamente desenredados y referidos a los diferentes aspectos del objeto representado" (Jodelet, 1995, p. 34), permiten que se desprendan de ellas los múltiples procesos que concurren para su elaboración y para su consolidación como sistemas de pensamiento que sustentan las prácticas sociales.

Para Jodelet (1989), las representaciones sociales son: "Una forma de conocimiento, socialmente elaborada y compartida, teniendo una visión práctica y concurriendo para la construcción de una realidad común a un conjunto social" (p. 36). Importante es considerar cinco características fundamentales que Jodelet (1985) identifican en ese acto de representar. Ellas son: representa siempre un objeto; es imagen y con eso puede alterar la sensación y la idea, la percepción y el concepto; tiene un carácter simbólico y significante; tiene poder activo y constructivo; finalmente, posee un carácter autónomo y generativo (Guareschi, 2007, p. 203).

Esas consideraciones muestran con fuerza, además de sus múltiples dimensiones, qué forma a las representaciones sociales, cómo se constituyen, cuáles son sus efectos. Muestra, además, que el elemento social es constitutivo de ellas, porque es un concepto dinámico, generador, relacional, amplio, político-ideológico (valorativo) (Guareschi, 2007).

En la perspectiva arriba problematizada, considerando las discusiones de Spink (2007) al retomar a Jodelet (1989):

Las representaciones sociales, como formas de conocimiento, son estructuras cognitivo-afectivas, de tal modo que no pueden ser reducidas apenas a su contenido cognitivo. Necesitan ser entendidas, así, a partir del contexto que las engendra y a partir de su funcionalidad en las interacciones sociales de lo cotidiano (p. 118).

A partir de esta posición, el estudio de las representaciones sociales, en una perspectiva procesual, podrá envolver, "de un lado, la perspectiva más tradicional de estudiar muchos casos para entender la diversidad; del otro, el estudio de casos únicos para buscar en la relación representación / acción los mecanismos cognitivos y afectivos de la elaboración de las representaciones" (Spink, 2007, p. 124).

Desde la perspectiva de los argumentos aquí problematizados, defendemos que cuando la diversidad y el proceso de elaboración de las representaciones sociales son privilegiados, se abre la posibilidad de trabajar con estudios de caso, perspectiva que se fundamenta en las discusiones desarrolladas y defendidas por Spink (2007). El individuo, siguiendo la tradición de Vygotsky (1978), es siempre una entidad social y, en consecuencia, un símbolo vivo del grupo que él representa. "El individuo en el grupo –como el grupo en el individuo– siempre que tengamos una comprensión adecuada del contexto social por él habitado" (Spink, 2007, pp. 123-124).

Y es en una perspectiva de estudios de casos únicos, para buscar en la relación representación-acción los mecanismos cognitivos y afectivos de elaboración de las representaciones, que defendemos la contribución de las biografías formativas y emancipadoras, considerándolas como una representación social del sujeto de la formación sobre su proceso formativo, o sea, como réplica interiorizada del sujeto de la acción de formarse.

Referencias

Bajtín, M. (1992), *Estética da criação verbal*, San Pablo, Martins Fontes.

Bajtín, M. (1995), *Marxismo e filosofia da linguagem*, San Pablo, Hucitec.

Barbosa, J. A. (1994), "Prefácio: Uma psicologia do oprimido", en Ecléa Bosi, *Memória e sociedade*: *lembrança de velhos*, San Pablo, Companhia das Letras, pp. 11-15.

Bartlett, F. C. (1994), "Memória, contexto e convenção", en Ecléa Bosi, *Memória e sociedade*: *lembrança de velhos,* San Pablo, Companhia das Letras, pp. 64-70.

Benjamim, Walter (1962), "Die Aufgabe des Überstzers" ("A tarefa do tradutor"). Se trata del prefacio publicado en 1923, en la edición de su traducción sobre los pasajes parisinos de Baudelaire, en Heidelberg, Alemania. La primera traducción es de autoría de Fernando Camacho y fue producida para el Primer Coloquio de Escritores Latinoamericanos y Alemanes, organizado por la revista *Humboldt* en Berlín, en el año 1962.

Bergerson, H. (1994), "Matière et mémoire, in Oeuvres", en Ecléa Bosi, *Memória e sociedade*: *lembrança de velhos,* San Pablo, Companhia das Letras, pp. 43-53.

Bosi, E. (1994), *Memória e sociedade*: *lembrança de velhos,* San Pablo, Companhia das Letras.

Cardoso JR., H. R. (2005), "Para que serve uma subjetividade? Foucault, tempo e corpo", *Psicologia: Reflexão e Crítica*, 18 (3), pp. 343-349. Disponible en línea: www.scielo.br/pdf/prc/v18n3/a08v18n3.pdf (consulta: 18 de enero de 2009).

Chauí, M. (1994), "Apresentação: Os trabalhos da memória", en Ecléa Bosi, *Memória e sociedade*: *lembrança de velhos,* San Pablo, Companhia das Letras, pp. 17-33.

Da Cunha, D. (2005), *Dialogismo em Bajtín e Iakubinskii.* Disponible en línea: http://www.ufpe.br/pgletras/Investigacoes/Volumes/Vol.18.N.2_2005 (consulta: 26 de enero de 2009).

De Beauvoir, Simone (1970), *La vieillesse*, París, Gallimard.

Deleuze, G. y Guattari, F. (2000), *Mil platôs*, traducción de Aurélio Guerra Neto y Célia Pinto Costa, San Pablo, Editora 34.

Dominicé, P. (1988), "A biografia educativa: instrumento de investigação para a educação de adultos", en Ecléa

Bosi, *Memória e sociedade*: *lembrança de velhos,* San Pablo, Companhia das Letras, pp. 101-106.

Durán, M. C. y Santos Neto, E. (2005), "Histórias de vida na formação de mestres pesquisadores em educação: vivenciando o método, enfrentando desafios, construindo possibilidades, *Educação y Linguagem,* 8, 11, pp. 18-30.

Ferrarotti, F. (1994), "Sobre a autonomia do método biográfico", en Ecléa Bosi, *Memória e sociedade*: *lembrança de velhos,* San Pablo, Companhia das Letras, pp. 17-34.

Finger, M. (1994), "As implicações sócio-epistemológicas do método biográfico", en Ecléa Bosi, *Memória e sociedade*: *lembrança de velhos,* San Pablo, Companhia das Letras, pp. 81-97.

Foucault, M. (1972), *La arqueología del saber,* España, Siglo Veintiuno Editores.

Foucault, M. (2007), *História da sexualidade 2: o uso dos prazeres,* Río de Janeiro, Edições Graal (1ª ed. 1984).

Foucault, M. (2008), *A ordem do discurso,* San Pablo, Edições Loyola.

Franco Barbosa, M. L. (2004), "Representações sociais, ideologia e desenvolvimento da consciência", *Cadernos de Pesquisa,* 34, 121, pp. 169-186.

Gattegno, C. (1967), *La conscience de la conscience,* Neuchatel/Suiça, Delachaux e Niestté.

Gattegno, C. (1979), *Du temps. Quatre volumes. Une Ecole Pour Demain,* Lyon; Publication restreinte.

Guareschi, P. A. (2007), "Sem dinheiro não há salvação: ancorando o bem e o mal entre neopentecostais", en P. Guareschi y S. Jovchelovitch (orgs), *Textos em representações sociais,* Petrópolis, RJ, Vozes, pp. 191-228.

Guattari E. y Rolnik, S. (1996), *Micropolítica: cartografias do desejo,* Petrópolis, Vozes.

Halbwachs, M. (1990), *A memória coletiva*, San Pablo, Vértice / Revista dos Tribunais, traducción de Laurent Léon Schaffer.

Jodelet, Denise (1989), "Les représentations socials: un domaine en expansion", en Jodelet, Denise (org.), *Les représentations sociales*, 2 ed., París, PUF.

Jodelet, Denise (1995), *Représentations sociales*, París, PUF, Companhia das Letras.

Josso, C. (1988), "Da formação do sujeito... ao sujeito da formação", en A. Nóvoa y M. Finger, *O método (auto) biográfico e a formação*, Lisboa, Ministério da Saúde, p. 44.

Jovchelovitch, S. (2008), *Os contextos do saber: representações, comunidade e cultura*, Petrópolis, RJ, Vozes.

Leontiev, A. (1978), *O desenvolvimento do psiquismo*, Lisboa, Livros Horizonte.

Luria, A. R. (1990), *Desenvolvimento cognitivo: seus fundamentos culturais e sociais*, San Pablo, Ícone.

Molon, S. I. (2003), *Subjetividade e constituição do sujeito em Vygotsky*, Petrópolis, RJ, Vozes.

Morin, Edgar (1984), *Ciencia com consciência*, Lisboa, s/r.

Moscovici, S. (1991), "Introducción", en S. Moscovici (org.), *Psicología Social I: influencia y cambio de actitudes; individuo y grupos*, Buenos Aires, Paidós, pp. 17-37.

Nóvoa, A. y Finger, M. (1988), *O método (auto)biográfico e a formação*, Lisboa, Ministério da Saúde.

Pineau, G. (1988), "A autoformação no decurso da vida: entre a hetero e a ecoformação", en A. Nóvoa y M. Finger (1988), *O método (auto)biográfico e a formação*, Lisboa, Ministério da Saúde, pp. 65-77.

Smolka, A. L; De Góes, M. C. R. y Pino, A. (1998), "A constituição do sujeito: uma questão recorrente?", en Wertsch, James V., *Estudos socioculturais da mente*, Porto Alegre, ArtMed.

Spink, M. J. (1993), "O conceito de representação social na abordagem psicossocial", *Cadernos de Saúde Pública*, 9, 3, pp. 300-309.

Spink, M. J. (2007), "Desvelando as teorias implícitas: uma metodologia de análise das Representações Sociais", en P. Guareschi y S. Jovchelovitch (orgs.), *Textos em representações sociais*, Petrópolis, RJ, Vozes, pp.117-148.

Stern, W. (1957), "Memória, contexto e convenção", en Ecléa Bosi (1994), *Memória e sociedade: lembrança de velhos,* San Pablo, Companhia das Letras, pp. 68-70.

Valsiner, J. (2000), "Culture and Development", en J. Valsiner (ed.), *Culture and human development,* Londres, Sage, pp. 48-62.

Vygotsky, L. (1984), *A formação social da mente: o desenvolvimento dos processos psicológicos superiores,* San Pablo, Martins Fontes.

Vygotsky, L. (1991), *Formação Social da mente,* traducción de José Cipolla Neto, San Pablo, Martins Fontes.

Vygotsky, L. y Luria, A. R. (1996), *Estudos sobre a história do comportamento: símios, homem primitivo e criança,* Porto Alegre, Artes Médicas.

Wertsch, J.V.(1993), *Voces de la mente. Un enfoque sociocultural para el estudio de la Acción Mediada,* Madrid, Visor Distribuciones.

Capítulo 6
El estudio del conocimiento escolar desde las perspectivas de la Teoría de las Representaciones Sociales y la psicología genética. Problemas y entrecruzamientos

José Antonio Castorina[25]

Introducción

Los psicólogos sociales se interesan cada vez más por el estudio de las representaciones sociales producidas por los docentes en las prácticas educativas (Graça *et al.*, 2004), o por las que son utilizadas por los alumnos en los procesos de aprendizaje (Lautrey, 1997; 2006; Castro Simon, 2005; Guyón *et al.*, 1993; Cariou, 2003). En este último caso, los investigadores se encuentran con diversas tradiciones en la psicología del desarrollo y el aprendizaje que se ocupan también de los conocimientos y sus eventuales transformaciones en el aula, desde la psicología informacional (Carretero y Voss, 2006) hasta la psicología genética piagetiana (Lerner, 2001) y la escuela sociohistórica (Baquero, 1996).

Resulta imprescindible, entonces, preguntarse por las relaciones actuales de esas tradiciones y la psicología social, cuando son empleadas para interpretar los procesos de adquisición de conocimientos en la vida escolar; esto es, la compatibilidad o no de sus enfoques en el análisis

[25] Este trabajo fue realizado gracias a la participación del autor en el PICT 20081217, de la Agencia Nacional de Promoción Científica y Tecnológica (ANPCYT), titulado: *Comprensión de conceptos históricos y sociales y construcción de la identidad nacional en adolescentes y jóvenes*, dirigido por el Dr. M. Carretero.

de los problemas, la posibilidad o no de su colaboración en las investigaciones. Sin embargo, para este propósito es necesario examinar la historia de sus relaciones, ya que las categorías y métodos de la psicología son históricos, más aun, los propios objetos que postulan los psicólogos lo son (Dazinger, 1993). La psicología social o la psicología del desarrollo y el aprendizaje no tienen objetos "naturales" y universales a los que se corresponden de manera predeterminada y definitiva las teorías. Éstas son parte de programas que se despliegan históricamente, por lo que la recuperación de su formación llega a ser muy importante para comprender la actualidad de cada una, así como los problemas de investigación en temáticas abordadas de manera simultánea.

Prima facie, pareciera que los intereses de la psicología del desarrollo o del aprendizaje han estado en gran medida fuera de los intereses de la psicología social, por lo que podría considerarse improbable que los programas de una disciplina puedan proveer un enfoque para analizar a la otra. Sin embargo, esta imagen se puede modificar si se explora en qué son semejantes y en qué son diferentes la obra de Piaget y de Moscovici. Más aun, cuáles son las vinculaciones históricas de los programas de investigación del conocimiento humano, iniciados por ambos. En principio, al examinar la influencia de las ideas de Piaget en el origen de la propia psicología social, como lo testimonian diversos textos de Moscovici (1989; 2003), se puede afirmar "que algo decisivo ocurrió para el desarrollo de la psicología social y que emergió del encuentro de Moscovici y Piaget" (Duveen, 2000).

Ahora bien, el concepto *polifasia cognitiva* de Moscovici marca una diferencia significativa con la obra de Piaget, al poner de relieve la complejidad de los conocimientos sobre la sociedad, donde conviven las representaciones sociales características de un grupo social con los saberes vinculados a las ciencias. Las primeras permiten introducir las identidades sociales como un componente decisivo en la elaboración de los saberes sobre la sociedad y la historia, dando lugar a la diversidad donde los psicólogos sólo veían un desarrollo único. Incluso, se puede considerar que las investigaciones en psicología social pueden contribuir a resolver problemas planteados en los trabajos centrados en la elaboración individual de los conceptos de aquellos conocimientos (Duveen y Rosa, 1992; Castorina, 2008).

La polifasia puede resultar relevante para el estudio del aprendizaje de los conocimientos de los alumnos en la sala de clase, en especial para examinar sus componentes y la índole de sus interrelaciones, así como para potenciar las posibilidades de la intervención didáctica destinada a promover el cambio de los conocimientos previos de los alumnos de ciencias sociales o la historia. En este campo de estudio, se vuelve problemática la colaboración entre la Teoría de las Representaciones Sociales (en adelante RS) y el constructivismo piagetiano "crítico", como veremos.

Nos permitimos señalar que nuestra lectura del programa piagetiano y moscoviciano será de *autor* y no de *lector*, en el sentido que le daba Bourdieu (1999). Esto es, procuramos una interpretación que coloque en el centro del análisis no la literalidad de lo que dijeron los autores, sino las relaciones entre nuestro campo actual de problemas y aquel en que ellos se movieron. Más aun, se trata de examinar la extensión de los programas originales de investigación sobre el aprendizaje de las nociones escolares, desde los interrogantes que plantea la propia actividad educativa.

Este capítulo se propone, ante todo, exponer las relaciones del programa piagetiano con la Teoría de las Representaciones Sociales: en el modo de construcción del objeto de conocimiento, el tipo de constructivismo que ha primado en cada tradición, los enfoques del cambio cognoscitivo, en particular de los conocimientos sociales; luego, vamos a examinar la contribución de la tesis de la *polifasia* cognitiva formulada por Moscovici para el estudio del desarrollo de los conocimientos sociales, y en particular, para el estudio del aprendizaje de las ciencias sociales y la historia; finalmente, se retoman las relaciones entre los programas a propósito de la polifasia durante el aprendizaje escolar.

Las semejanzas

Básicamente, Moscovici encontró en los primeros trabajos de Piaget sobre la representación del mundo en el niño (1926) un modelo de construcción del objeto de conocimiento en la psicología social: la separación de los componentes de las distintas representaciones del mundo y el estudio de sus interrelaciones y procesos de transformación. Así, el estudio sobre el animismo o el realismo infantil partía del carácter indiferenciado de lo inanimado y lo animado o entre el yo y el mundo externo para reconstruir su modificación hacia la diferenciación e integración intelectual. De este modo, inspiró el análisis de los significados de las prácticas sociales en términos de su estructura y su génesis.

Sin duda, la relación entre génesis y estructura es un *themata* que atraviesa la investigación piagetiana, y se concretó principalmente como una transformación dialéctica: cada estructura derivaba de una anterior por el juego de los mecanismos de acomodación y asimilación. De modo parecido, puede pensarse que la problemática de la transformación vertebró la Teoría de las RS (Duveen, 2000).

En segundo lugar, Piaget se ocupó en *La representación del mundo en el niño* (1926) de nuestra cultura y sentido común al indagar las producciones de un solo niño, dando "una explicación de nuestra cultura a través del discurso de los niños y del material que él recopilaba como expresión del folklore y del sentido común a partir del conocimiento de un solo niño" (Moscovici, 2003, p. 92). Según Moscovici, "los adultos de la cultura premoderna han sido reinventados como niños, como participantes de nuestra cultura preadulta" (Moscovici, 2003, p. 101) por Piaget. El niño egocéntrico y animista sería básicamente una reelaboración a partir de los elementos y los materiales suministrados por los estudios antropológicos de Lévi-Bruhl. La psicología de Moscovici se inició cuándo "leyó" en las respuestas infantiles descritas por Piaget a las representaciones sociales.

En tercer lugar, el constructivismo de Piaget consideraba a la estructuras mentales como inseparables de la estructuración del mundo, y este enfoque presidió la teoría de Moscovici: las RS determinan tanto al estímulo como a las respuestas (Jodelet, 1989). Dicha tesis epistemológica se vuelve a encontrar al evocar los procesos formadores de las RS, ya que la familiarización con lo nuevo se lleva a cabo por un proceso constructivo de anclaje y objetivación que garantiza la integración de lo desconocido; la objetivación es un mecanismo de construcción de los significados sociales, ya que transforma los conceptos científicos (y otros con los que el sujeto tiene una experiencia más próxima), siguiendo una serie de fases; el anclaje permite a los grupos otorgar significación a un objeto social, al "asimilarlo" al sistema de creencias preexistentes.

Gracias a la articulación de dichos procesos, se efectúa una transformación del objeto de conocimiento, pero esas actividades también construyen al sujeto, ya que conforman la identidad social grupal e individual. Tal correlativa construcción del objeto y del sujeto en la dialéctica del conocimiento era también un rasgo característico de la psicología genética de Piaget (Duveen, 2001).

Finalmente, en la perspectiva sociológica de Piaget las interacciones sociales no son separables de las acciones individuales, en contra de Durkheim, ya que aquellas constituyen una totalidad en sí misma que produce nuevos caracteres que transforman al individuo en su estructura mental. En otras palabras, esa totalidad no consiste en una sumatoria de individuos ni en una realidad que se les impone, es un sistema de interacciones que modifican a estos últimos en su misma estructura (Piaget, 1995). Por otra parte, en su trabajo sobre el juicio moral, sostuvo la inseparabilidad e interacción entre las ideas infantiles y su participación en diferentes interacciones sociales (Piaget, 1932). De manera análoga, Moscovici (2001) se opuso al dualismo entre individuo y sociedad, rechazando tanto el pasaje abrupto de las leyes psicológicas a las leyes sociales, como el privilegio que daba el sociólogo francés a las constricciones sociales sobre el individuo. Por el contrario, afirmó la integración dinámica de tales componentes, aunque subrayó la comunicación y la interacción social respecto del individuo. De hecho, buena parte de la obra del fundador de la Teoría de las RS está centrada en la constitución de la identidad social de los individuos.

Las diferencias

Ahora bien, las notorias semejanzas apuntadas no pueden ocultar la especificidad del proceso constructivo de las RS con respecto a la génesis de las categorías del conocimiento en la psicología piagetiana. En un caso, la construcción se cumple por entero en la comunicación social de los conceptos o en la interacción entre los integrantes de un grupo social; en el otro, la construcción en la ontogénesis es principalmente individual, aunque en condiciones sociales, y mediante procesos tales como los conflictos cognoscitivos, su toma de conciencia, las abstracciones empíricas y reflexionantes o las generalizaciones.

Además, en la psicología social, la construcción sigue un proceso de modificación de las representaciones que depende en muy buena medida del enfoque que Piaget llamaba "sociocéntrico", dirigido a elaborar puntos de vista que expresan las necesidades e intereses de los grupos o las instituciones. Es decir, se producen para gestionar la relación práctica del grupo con el mundo social (Jodelet, 1989, p. 53) y para garantizar un cierto orden a su interior. La aproximación inacabada e inacabable a lo real, en el conocimiento individual y científico, durante las interacciones con el objeto, característica de la epistemología de Piaget, no tiene sentido para el estudio de las RS.

La psicología genética es un instrumento para formular una teoría epistemológica de la interacción sujeto-objeto, mientras la Teoría de las RS introduce las relaciones sujeto, otro y objeto. De la subjetividad de los esquemas de acción que estructuran el mundo, se pasa a una subjetividad constitutivamente asociada con la alteridad, vinculada con los grupos sociales (Moscovici, 2005). Además, en el programa psicogenético las categorías elaboradas por los sujetos van de estados de menor a mayor grado de validez, según los criterios fijados históricamente por la sociedad científica. Podemos añadir que el mundo físico o el mundo de los objetos a conocer parece intervenir, por la vía de la acomodación de los esquemas construidos por el sujeto epistémico. En cambio, no es el contraste con el objeto lo que restringe las RS, sino la comunicación social o los intereses de los grupos que las elaboran.

Por otra parte, el desarrollo cognoscitivo en Piaget involucra una reconstrucción de las formas de pensamiento que incrementaban su racionalidad, teniendo como modelo el pensamiento lógico-matemático. En otras palabras, los procesos de equilibración entre el sujeto y el objeto daban lugar a estados de estabilidad relativa: los esquemas sensorio-motrices, luego las funciones y las correspondencias preoperatorias, hasta las clasificaciones y seriaciones operatorias concretas, y finalmente el pensamiento hipotético deductivo, en las puertas de la metodología científica.

Por su parte, el empleo de las RS en la vida cotidiana implica otra lógica (Duveen, 1998; Wagner y Hayes, 2005) que la correspondiente al conocimiento asociado a las inferencias en las ciencias. Se puede identificar un núcleo "figurativo" alrededor del cual se puede hablar de la coalescencia de diversos significados, que entre sí no tienen una estricta consistencia, pero que se inscriben en un entramado lógico peculiar por la combinación de los significados. Grize (1986) ha puesto de relieve algunos rasgos específicos de esta lógica natural: los procesos de pensamiento que conjugan forma y contenido a través de la conformación de los objetos semióticos, y durante los discursos dirigidos a un interlocutor. Aquí las pruebas no se basan en las reglas de la inferencia hipotético-deductiva de la lógica formal o en cierto nivel de la lógica operatoria piagetiana, sino en la referencia a imágenes, al peso de la realidad percibida y a su autoridad indiscutida.

Los individuos tratan de sustentar sus creencias sociales en las relaciones discursivas, recurren a las "causas" de los hechos consumados, a la autoridad de quien habla o de quien se habla, a las comparaciones con analogías "salvajes", a un cierto *bricolage* de las RS en tanto "referencias para la acción" (Lautier, 2006). Subrayamos, con Wagner y Hayes (2005), que la lógica natural reemplaza los razonamientos estrictos por argumentos de subordinación social que son convincentes, con la carga valorativa que los caracteriza, en lugar de las buenas razones.

Según lo que venimos diciendo, la tesis de una lógica natural para las RS se distingue de la tesis de una evolución intelectual de las formas de pensamiento que van de menor a mayor grado de validez. Claramente, no es posible un estudio que muestre la equilibración de las argumentaciones que sustentan las RS. Además, cada sistema de pensamiento parece funcionar en su propia área de argumentación, con sus necesidades específicas, lo que implica su dificultad para hacerlo funcionar fuera de dicho campo, por ejemplo, que la lógica formal pudiera aplicarse para problemas de la vida cotidiana.

El desarrollo del conocimiento social

Los estudios sobre el conocimiento social ponen de manifiesto con nitidez las diferencias entre los programas de investigación. Por un lado, el programa del primero fue extendido "literalmente" hacia el estudio de las nociones económicas, jurídico-morales, o la autoridad del gobierno nacional o de la escuela (Del Val, 1989; Furth, 1980). Estos estudios describieron la secuencia de adquisiciones conceptuales, que llevan desde una versión personalizada de los fenómenos sociales y de una indiferenciación conceptual de sus propiedades hacia una versión que las sistematiza y las vuelve objetivables. En muchos trabajos, este proceso se identificaba con la elaboración individual del pensamiento operatorio, sin ninguna intervención del contexto cultural, ni de las prácticas institucionales de las que participaban los niños. Así, éstos se representan al banco inicialmente como una fuente de moneda, luego como un repositorio de préstamos de la gente, que más tarde podía retirar según un principio de equivalencia que permite conservar su cantidad; hasta el concepto de interés les permite interpretar las ganancias del banco y de los prestamistas, gracias a una compleja red de operaciones (Berti y Bombi, 1988).

Los estudios del conocimiento social efectuados desde la Teoría de las RS (Emler y Ohana, 1993; Duveen y De Rosa, 1992) se distinguen en aspectos relevantes de los anteriormente mencionados. Si bien comparten una perspectiva epistemológica constructivista, las RS no son elaboradas de manera solitaria por los individuos, sino a través de la comunicación y las interacciones sociales, de modo que existen dentro de una estructura de lazos asociativos de significación. Y en especial, son inherentemente evaluativas y toman forma a través del discurso social, no estando limitadas, como se ha dicho, por los cánones de la lógica argumental de los conceptos que se aproximan al saber científico. De este modo, se contrapone a la perspectiva del niño como un constructor individual del conocimiento social la figura del actor social que adquiere su identidad social al apropiarse de las RS de su grupo.

Una serie de indagaciones de los psicólogos sociales (De Rosa y Duveen, 1992; Emler, Ohana y Dickinson, 1990) han verificado efectivamente que la variación de las expectativas infantiles sobre el comportamiento de los maestros en una situación escolar es función de su pertenencia de clase social (Emler *et al.*, 1987), pero no de su edad; algo semejante se encuentra en niños de entre 3 y 12 años, que consideran que los salarios ganados por las mujeres son menores que los pagados a los varones, no cambiando con la edad aunque sí con la pertenencia de género (Duveen, 1989). El foco de los estudios está en los valores más que en el mundo de los hechos, y como esos valores no se organizan en una secuencia lógica, estos conocimientos evaluativos del comportamiento de los maestros o la economía son adquiridos paralelamente o con anterioridad a su comprensión de los conceptos correspondientes.

Ahora bien, hoy disponemos de una perspectiva crítica que ha modificado los estudios literales del programa piagetiano sobre la sociedad: si bien sigue centrada en formación individual de las ideas, abandona la búsqueda de sistemas generales y se ocupa de la formación de los conocimientos específicos al campo de los fenómenos sociales; sobre todo, los sujetos no elaboran conocimientos de un modo solitario, sino al participar de prácticas sociales con el objeto que pretenden conocer. Tanto las representaciones de los grupos de pertenencia como las prácticas propiamente institucionales ponen serias limitaciones a la elaboración conceptual. Así lo muestran los estudios sobre la autoridad escolar y política (Lenzi y Castorina, 2000), la noción de valor económico (Faigenbaum, 2005), la cultura de pares (Faigenbaum, 2005), las creencias sobre el mundo justo (Barreiro, 2009), o sobre el derecho a la privacidad (Helman y Castorina, 2007; Horn y Castorina, 2008). Ya no esperamos un desarrollo universal de nociones sociales ni la construcción cognoscitiva de un sujeto solitario, ya que los contextos, las prácticas y las creencias sociales restringen la producción conceptual. Muy especialmente, la construcción de ideas infantiles sobre la vida social es inconcebible sin que los objetos estén ya significados en las prácticas grupales; cada niño reconstruye por su cuenta los significados que "lo están esperando en la cultura".

De un modo curioso, en algunas de estas investigaciones se identifican ideas que cambian relativamente poco con el desarrollo, en coincidencia con los psicólogos sociales, como la persistente personalización de las ideas políticas sobre el funcionamiento del gobierno (Lenzi y Castorina, 2000), o una perspectiva naturalizada sobre la vida social, aunque dicha continuidad no se pueda explicar con los instrumentos de la investigación psicogenética. Más adelante analizaremos las consecuencias de este enfoque para reconsiderar los saberes previos de los alumnos y su cambio conceptual en la práctica educativa.

La polifasia cognitiva

Moscovici introduce el concepto de la polifasia cognitiva para dar cuenta del carácter diverso y contextual del conocimiento social:

> La coexistencia de sistemas cognitivos debería ser la regla más que la excepción [...] el mismo grupo y, *mutatis mutandi*, el mismo individuo, son capaces de emplear distintos registros lógicos en el dominio vinculado con perspectivas, información y valores que les son propios [...]. En una manera general, uno puede decir que la dinámica coexistencia -interferencia o especialización- de distintas modalidades del conocimiento corresponde a específicas relaciones entre el hombre y su contexto social, que determina un estado de polifasia cognitiva (1976, p. 285).

Esta perspectiva implica que la lógica formal no es el modelo ideal del pensamiento; como hemos dicho, es sólo un sistema entre otros posibles y no el resultado necesario del desarrollo humano. Si al comparar el pensamiento natural con el científico lo juzgamos como prelógico, le estamos imputando un déficit, y en realidad se trata de una laguna en nuestros conocimientos sobre los procesos cognoscitivos. En la vida cotidiana existen RS o significados culturales que a veces son contradictorios entre sí, lo cual implica que los sujetos al utilizarlos, sostenerlos o apropiarse de ellos recurran a lógicas o sistemas de pensamiento diferentes. Tal coexistencia de sistemas de conocimiento no constituye una excepción en la vida intelectual sino más bien la regla (Moscovici, 1976).

La tesis de la polifasia cognitiva rechaza la "unidad de la mente", que caracteriza como no racional y poco relevante a todo proceso cognitivo diferente, y que subyace a buena parte de la psicología cognitiva del desarrollo. Moscovici (2001) no aceptó que el desarrollo de los conocimientos tienda a eliminar las creencias del sentido común en nombre de la ciencia, más bien sostuvo una "bifurcación de la mente", esforzándose en mostrar que diferentes clases de conocimiento, con sus propias racionalidades, conviven e interactúan en el grupo y los individuos.

Cabe recordar que cuando Piaget se ocupó del pensamiento preoperatorio, al principio de su obra, lo caracterizó por las configuraciones –en lugar de las transformaciones– y por sus rasgos animistas, lo que guarda semejanzas con el sentido común de la psicología social. Pero aquellos rasgos eran un nivel a superar en la construcción del pensamiento operatorio. En cambio, la tesis de la polifasia cognitiva implica abandonar la idea de una monofasia cognitiva, de un desarrollo único del conocimiento que marcha hacia estados de mayor consistencia, como postuló Piaget (1971) en muchos pasajes de su obra. La polifasia involucra una tesis de contextualidad, ya que se postula una relación de adecuación entre las distintas situaciones y los modos de pensamiento, sin que medie una línea evolutiva entre ellos.

Como la gente vive en espacios cotidianos, no hay razón para esperar que en el desarrollo histórico un modo de razonamiento, por ejemplo el científico, se convierta en la finalidad a alcanzar por el conocimiento: "Los modos de pensar son el producto del desarrollo cognitivo, pero no representan diferentes estadios de validez o valor para la vida de la gente (Wagner *et al.*, 2000, p. 170). Las relaciones entre esos conocimientos se caracterizan por las tensiones y hasta por las contradicciones entre representaciones sociales, conocimientos científicos, creencias y hasta concepciones ideológicas. Estas tensiones sólo son experimentadas por los sujetos cuando las diferentes lógicas se expresan en forma simultánea en su discurso. Sin embargo, dicha experiencia de contradicción no conduce a la construcción de una instancia superadora, sino que se mantiene una coexistencia contradictoria sin la exigencia de cambio, al menos mientras no se implemente una situación didáctica con ese objetivo.

Cabe preguntarse si Piaget podría haber arribado en su obra a la noción de polifasia cognitiva. En principio, en la versión más clásica del programa piagetiano, el avance hacia la racionalidad era simultáneamente individual y social, iba desde el pensamiento egocéntrico y mágico solidario de las restricciones impuestas por la autoridad hasta las formas operatorias que suponían la cooperación (Piaget, 1995; Castorina *et al.*, 2005). Una contribución significativa del autor ginebrino había sido, justamente, situar la formación del juicio moral en diferentes relaciones sociales, entre las restricciones de la autoridad y la cooperación, e incluso sostener que los individuos conquistaban la autonomía moral en contra de la heteronimia, aun en una edad avanzada. Pero en lugar de indagar el significado de la permanencia del pensamiento egocéntrico y mágico, se ocupó del desplazamiento de la magia por el pensamiento lógico de la ciencia (Duveen, 2001).

Dicho de otro modo, la perspectiva de Piaget se ocupó de buscar mecanismos comunes de construcción entre el saber común y el pensamiento científico, dada su problemática epistemológica, lo que deja fuera de consideración a los saberes contingentes y contextuales. Por el contrario, la psicología social trató de reivindicar las imágenes del mundo social, en su diversidad y en su especificidad respecto del conocimiento científico, y pudo interrogarse sobre sus relaciones.

Por nuestra parte, hemos asumido una perspectiva piagetiana "crítica" para los conocimientos sociales, que reconoce una diversidad que tiene algún parangón con la tesis de la polifasia cognitiva. Por un lado, los sujetos construyen sus conocimientos sobre los fenómenos sociales en interacción con el objeto social, produciendo algunos conocimientos "más avanzados" en el sentido de un pasaje de conceptos indiferenciados a otros diferenciados e integrados en una totalidad, o en el sentido de haber relativizado notas entendidas primero como absolutas. Es decir, tales conceptos son considerados más integrados o relativizados en función de una comparación con el estado del saber científico o ético, que opera como parámetro. Por ejemplo, en términos de una sistematización conceptual o articulación de las ideas sobre la autoridad política, desde una versión moralizante e indiferenciada de los rasgos políticos hasta un comienzo de diferenciación del sistema de instituciones respecto de sus límites morales (Lenzi y Castorina, 2000). Por otro lado, las respuestas de los sujetos sugieren que ciertas RS preexistentes en la cultura proveen una materia prima de la elaboración conceptual, y lo más importante, éstas restringen seriamente la elaboración intelectual (Castorina, 2005; Zittoun *et al.*, 2003).

De este modo, los procesos de equilibración que dan cuenta de las elaboraciones individuales de conceptos sobre los fenómenos sociales coexisten e interactúan con la apropiación de otras formas de saber que no presentan mayores estadios o niveles cognoscitivos, como es el caso de las RS. En cambio, la polifasia de la mayoría de los psicólogos sociales incluye al conocimiento científico junto al conocimiento de sentido común en términos de las RS, a veces las perspectivas religiosas e ideológicas. La elaboración individual de conceptos no es demasiado reconocida por los psicólogos sociales, salvo excepciones (Duveen y De Rosa, 1992; Leman, 1998; Leman y Duveen, 1999). Algunos psicólogos han rechazado dicha elaboración para los conocimientos sociales (Emler y Ohana, 1993), y el propio Moscovici (2001) consideró a las nociones que clásicamente han sido objeto de estudio para la psicología del desarrollo como sólo indicadoras de la existencia de RS apropiadas por los sujetos.

La polifasia cognitiva en la práctica educativa

Los aprendizajes escolares de la historia y las ciencias sociales se llevan a cabo en la interacción del sujeto con el objeto, característica de cualquier actividad cognoscitiva, pero el objeto es ahora claramente el "saber a enseñar". Aquí los marcos asimiladores del alumno juegan un rol central en la elaboración cognoscitiva de las informaciones que provienen del objeto pedagógico transmitido en las situaciones didácticas. Los conocimientos previos son un conjunto de ideas y modos de pensar que permiten a los alumnos significar los contenidos de un área de estudio (Aisemberg, 1994).

Según nuestra tesis, el examen de los conocimientos previos en situaciones de aprendizaje escolar pone de manifiesto diversos "marcos asimiladores" para las informaciones escolares: los sistemas propiamente conceptuales, las RS, cierta concepción del mundo social, una perspectiva ideológica o aun religiosa. La contribución principal de las RS al estudio del aprendizaje escolar es postular que las identidades sociales de los alumnos son mediadoras entre el saber que se enseña y los individuos que aprenden, situando las adquisiciones en el contexto de las prácticas y la memoria social. La cuestión que se plantea a los investigadores del cambio conceptual es el modo en que se entrecruzan las RS con los saberes escolares propiamente dichos y las conceptualizaciones individuales; más aun, hay que preguntarse por el destino de las RS cuando la actividad que se promueve es la aproximación al "saber a enseñar"

Vamos a especificar algunos rasgos de los conocimientos de los alumnos puestos de manifiesto en las prácticas educativas, que son indicadores de la intervención de RS. Las investigaciones sobre nociones sociales e históricas utilizadas por los alumnos durante las actividades propuestas por los docentes en las aulas indican la presencia de elaboraciones que ponen en juego figuraciones y concretizaciones del pensamiento (Lautier, 2006). Se ha sugerido que estas últimas derivan de la objetivación y el anclaje de las ideas sociales en la experiencia familiar o escolar de los alumnos. Así, el primer acercamiento de los alumnos a la comprensión de la Primera Guerra Mundial no consiste en reconstruir el concepto de una guerra interimperialista de los mercados, sino que pasa a un primer plano el horror de las trincheras y la bestialidad de los actores sociales (Lautier, 1997). Las imágenes, o la traducción figurativa de las ideas sociales e históricas y no los conceptos abstractos dominan las ideas de los alumnos. Es decir, las escenas cargadas de valoración y emotividad han sido elaboradas colectivamente en el medio familiar o en la difusión mediática, son apropiadas por los alumnos y constituyen un marco asimilador para las informaciones provistas en las situaciones didácticas.

Otros trabajos muestran que los alumnos tienden a tratar a la representación política mediante la analogía con una cadena de portavoces (*"un sistema de delegados hasta la cúspide"*) que parece extraída de sus experiencias en la participación en centros de estudiantes, lo cual convierte a los senadores y diputados en portavoces de los ciudadanos, no en sus representantes en sentido estricto. Tales portavoces son muy cuestionados por los alumnos "por no interesarse en el destino de las personas" (Lautier, 1997). En los registros de las intervenciones de los alumnos se destaca la fuerte tonalidad afectiva y valorativa, así como también la utilización de argumentos que siguen una lógica propia para justificar lo que se dice, en base a la "naturalidad" de la creencia o al criterio diferente del sistema de razones del pensamiento científico.

Incluso, no hay dudas de la intervención de una concepción más amplia del mundo social, una ideología compartida por los alumnos que los lleva a no poder asimilar algunas informaciones que no son familiares a su marco asimilador, "reprimiéndolas" en algún sentido. Así, un estudio sobre las ideas de los alumnos brasileños de entre 9 y 11 años acerca de los negros en la práctica educativa pone de relieve que para ellos hay una fuerte idealización igualitaria de los seres humanos. Sus relatos y dibujos muestran un nítido contraste entre la vida de la esclavitud y la libertad de la que gozaban en África: las imágenes representaban a los negros esclavos como tristes y sufrientes, mientras la sonrisa simbolizaba la alegría y la libertad de su vida anterior (Castro Simán, 2005). Ninguna información de los textos sobre las desigualdades y el sistema jerárquico de vida de los negros en su lugar de origen es considerada por estos alumnos.

Entre los procedimientos propiamente cognitivos utilizados por los alumnos para interpretar los eventos históricos figura el razonamiento por analogía, pero del tipo que los didactas de las ciencias sociales llaman "salvaje" (Cariou, 2003) y al que recurren para apropiarse de conceptos como los de esclavitud, democracia representativa o monarquía. En este último caso, el significado de monarquía o de otras dictaduras se asocia con los rasgos de una dictadura contemporánea –la arbitrariedad, el autoritarismo, la impunidad–, estableciéndose una tensión entre lo que les es familiar y lo no familiar (Lautier, 2006). Hay suficientes elementos de juicio para postular que la lectura de ciertos textos de historia está mediada por el anclaje en la memoria colectiva, que los adolescentes los interpretan desde "adentro" de su grupo, de sus experiencias sociales vividas, por ejemplo, los que tratan de la dictadura militar reciente.

Sin duda, para dar sentido a la información escolar los alumnos disponen de conceptos construidos individualmente, y que por lo general resultan muy diferentes en su nivel de abstracción y de sistematicidad del saber que se pretende enseñar. Estos marcos asimiladores construidos por cada alumno en sus prácticas sociales y en su reelaboración de una información escolar anterior a la enseñanza actual se refieren a la autoridad política, su legitimidad y sus límites (Lenzi y Castorina, 2000), o a la interpretación y explicación de los fenómenos históricos (Carretero y Voss, 2006). En las actividades propuestas por el docente respecto de la monarquía o la democracia, los alumnos utilizan una estrategia de construcción conceptual por prototipos, la que resulta adecuada a los conceptos históricos ya que éstos son difusos y no se presentan en un orden jerárquico de clases. Así, la monarquía es pensada a partir del carácter solitario y absoluto del poder del rey, ejemplificado en Luis XIV; todo sucede como si la caracterización de cualquier otra monarquía se produjera según la proximidad o el alejamiento de los atributos "típicos", según el "aire de familia" entre las propiedades, como diría Wittgenstein. De este modo, la monarquía parlamentaria se piensa en comparación con la monarquía absoluta de Francia (Lautier, 2006).

Ahora bien, cuando se trata del concepto de democracia o de monarquía, caracterizada en los términos del país del alumno, el modelo prototípico de pensamiento o un sistema propiamente jerárquico de conceptos no es suficiente para interpretar su conocimiento. Hay que considerar su experiencia grupal e institucional. En la conceptualización de la democracia, la propia selección de las propiedades prototípicas por parte de los alumnos pone en juego una actividad individual consciente, pero al apelar a las imágenes de "la cadena de portavoces", éstas hablan por sí mismas. Es decir, son provocadas por la figuración de escenas sociales o por el rechazo a admitir un sistema de representatividad política indirecta, dependiendo de la inserción del individuo en la experiencia social de su grupo.

Los alumnos elaboran sus interpretaciones figurativas y valorativas apelando al campo de su experiencia social, al modo compartido de organizar el mundo en que se vive. De ahí que adquieren relevancia la crítica a los políticos, cargada afectivamente, la adhesión al presidente "benefactor" por fuera del sistema institucional, el significado que adquieren las situaciones no familiares al ser ancladas en el sentido común, la dificultad en sala de clase para modificar las creencias ideológicas, que naturalizan la sociedad (Lenzi y Castorina, 2000). Este sentido común es parte de un momento de la historia de este país y de los grupos sociales que se han enfrentado entre sí bajo ciertas condiciones de existencia social.

En la vida escolar coexisten los saberes escolares de las disciplinas, las conceptualizaciones individuales y las RS, interactuando en el proceso de enseñanza y aprendizaje, bajo las condiciones contextuales peculiares del dispositivo y la intervención didáctica. Más aun, en el contexto escolar estos conocimientos conviven en estado de tensión, de modo tal que la utilización de una modalidad o de otra y respecto de una misma temática depende del contexto de los problemas y actividades que se proponen a los alumnos, o de la índole de las situaciones didácticas (Lautier, 1997; 2006).

Desde el punto de vista de la didáctica de la historia y las ciencias sociales, se suele promover el cambio conceptual a través de la reorganización de los marcos conceptuales poco sistemáticos y mal definidos elaborados por los alumnos, y también por una ruptura epistemológica con las RS. Algunos conceptos disciplinarios se adquieren a condición de tomar distancia de los conocimientos cotidianos, con su compromiso afectivo (como sería el caso de las nociones de democracia o de gobierno nacional, Estado, identidad nacional, etc.). Sin embargo, no se puede estrictamente hablar de ruptura en el caso del razonamiento por analogía, ya que los alumnos y los propios historiadores utilizan dicho procedimiento para pensar la historia, aunque éstos lo utilizan bajo determinadas condiciones de validación, por medio de la comparación crítica de las fuentes utilizadas. La didáctica de la historia busca que el razonamiento analógico "salvaje" de los alumnos sea controlado por medio del afinamiento de las comparaciones, cuestionando sus fuentes o discutiendo el alcance de la analogía establecida.

No parece haber un camino único en la adquisición de los conocimientos sociales en el aula: así, por ejemplo, los alumnos han aprendido durante la intervención didáctica del maestro a utilizar de modo más cuidadoso y controlado el razonamiento analógico (Lautier, 2006). Sin embargo, esos mismos alumnos producen analogías más primitivas en otro contexto o bajo otra situación didáctica. En otras palabras, no se abandona de manera definitiva el anclaje del pensamiento natural en la memoria colectiva, en las experiencias de su grupo, aunque se pueda alcanzar un modo más sofisticado de razonamiento. El aprendizaje no progresa de forma lineal desde un saber primitivo hacia un saber científico despojado por completo de sentido común, sino por una serie de avances y retrocesos. Se producen figuraciones e identificaciones con personajes, tanto como definiciones abstractas más próximas a los conceptos históricos o sociales; se emplean analogías basadas en la experiencia familiar en una situación escolar, y en otra se utilizan procedimientos de control de las primeras; se asume una versión naturalizada e individualista del mundo social o hay una tímida iniciación en el pensamiento crítico, por medio de la enseñanza de estrategias de indagación y reflexión que permiten cuestionar el sentido común social. Por otra parte, cabe evocar que dicho proceso reproduce, con los rasgos propios del aprendizaje de los saberes disciplinares, la dialéctica inacabada e inacabable del distanciamiento y el compromiso que caracteriza la construcción del conocimiento en las ciencias sociales (Elias, 1989; Lautrey, 2006; Deleplace, 2006).

El futuro de las investigaciones en la educación

Hemos mostrado la influencia de la obra inicial de Piaget sobre la creación de la psicología de las RS y las profundas diferencias entre los enfoques de la transformación de los conocimientos sociales. Incluso, justificamos las revisiones del programa psicogenético para poder pensar la construcción individual de conocimientos sociales en las prácticas sociales y en un entramado de significados que preexiste a los individuos. Principalmente, caracterizamos las notas del concepto de polifasia cognitiva de Moscovici que abren una perspectiva muy original para el estudio de la práctica de la enseñanza de contenidos curriculares de la historia y las ciencias sociales; de un modo muy particular, porque convierten al sujeto de la enseñanza en un sujeto social, lo que abre un amplio espacio de visibilidad para los entrecruzamientos y conflictos entre los conocimientos previos de sentido común y los escolares, entre las RS y el "saber a enseñar". Hasta nos atrevimos a incorporar en dicha diversidad a las construcciones conceptuales de los alumnos como uno de los marcos asimiladores para la información escolar.

Finalmente, habida cuenta de los ensayos de investigación disponibles sobre la polifasia cognitiva en la práctica educativa, ¿cuáles son los desafíos que afronta la investigación psicosocial sobre la polifasia en el mundo educativo? ¿Se puede sustentar una colaboración entre esos trabajos y las tesis constructivistas al estudiar el aprendizaje escolar? La historia reciente de las implementaciones de la psicología genética en la práctica educativa deja una moraleja para los psicólogos sociales: el fracaso rotundo de utilizar la teoría psicológica original, dedicada a estudiar los conocimientos originados en el desarrollo espontáneo de los niños, para fundar la actividad didáctica. Dicha perspectiva fue aplicacionista: se limitó a utilizar aquellas interpretaciones de los conocimientos infantiles y no asumió los desafíos que provienen de la reconstrucción de los conocimientos disciplinares, que sólo puede llevarse a cabo en situaciones didácticas. Es decir, no investigó las peculiaridades del aprendizaje escolar que surge por las interacciones entre el saber a enseñar, la práctica de los docentes y los conocimientos previos de los alumnos (Lerner, 2001). Es importante no perder de vista que las tensiones y las interacciones de las RS con otros saberes en la vida escolar están parcialmente provocadas o forman parte de los objetivos didácticos en el aula, ya que se plantean de manera intencional situaciones problemáticas que pretenden poner en cuestión las creencias y conceptos de los alumnos para que se aproximen al "saber a enseñar". Los investigadores se colocan por lo general desde la posición de la didáctica de las ciencias sociales y la historia, buscando identificar las RS en aquellas interrelaciones, pero bajo la aspiración de modificarlas dando protagonismo a la actividad crítica y a una apropiación de ciertos procedimientos de las disciplinas.

Dicha peculiaridad condiciona la investigación psicológica o por lo menos exige evitar ciertas tentaciones. Por una parte, la celebración de las RS, confundiendo la recuperación del sentido común en el pensamiento contemporáneo con la renuncia a su modificación, lo que impediría avanzar en la comprensión del conocimiento de las disciplinas sociales. Por otra parte, la homogeneización del sentido común o una versión de las RS muy marcada por otros contextos y prácticas a las que hacen inteligibles pueden conducir a los investigadores a desconocer la diversidad cognoscitiva de la práctica educativa. Esto es, que la circulación de múltiples saberes, entre los que se cuentan las RS, durante los procesos de aprendizaje y las prácticas institucionales escolares, sugiere relaciones inéditas entre ellos que requieren ser exploradas.

La teoría de Moscovici siempre dio relevancia a la dimensión temporal del sentido común, aunque son escasas las investigaciones sobre la sociogénesis de las RS. El análisis del cambio se ha realizado principalmente sobre la psicogénesis de las RS en el desarrollo individual, explorando de qué manera los individuos –en especial los niños– se van apropiando del conjunto de representaciones estables de su comunidad, como por ejemplo el género (Duveen, 2007; Lloyd y Duveen, 2003). Los niños, antes o paralelamente a la vida escolar, construyen nociones físicas, matemáticas y sociales que son nuevas con respecto a otras anteriores, pero que ya existían en la cultura; otro tanto sucede con la ontogénesis de las RS, que también preexisten en la cultura y son apropiadas por los individuos en la comunicación con los adultos. Ahora bien, lo peculiar de la situación didáctica es que hay una intención manifiesta por parte del docente de producir un encuentro entre los conocimientos previos y el "saber a enseñar", y traccionar la actividad constructiva hacia este último. Aquí se trata de una génesis artificial de ideas que sólo puede ser provocada institucionalmente y es en el interior de la situación didáctica que hay que indagar el destino de las RS y de los conceptos previos de los alumnos. Justamente, el desafío para la psicología social es investigar el lugar y las transformaciones de las RS en su entrecruzamiento con los otros conocimientos, en la polifasia cognitiva.

Finalmente, pensamos en una compatibilidad entre el constructivismo "crítico" y la Teoría de las RS, en el sentido de que las hipótesis principales del primero no implican la negación de las que pertenecen a la segunda. Más aun, se abre un espacio de colaboración en el estudio de la polifasia cognitiva en sala de clase, la que pretende conciliar las investigaciones sin confrontarlas a partir del reconocimiento de un marco epistémico relacional compartido, una perspectiva dialéctica para abordar los problemas. Es decir, una relación de no exterioridad entre individuo y sociedad; que la sociedad no sea conocida en términos de "una cosa" exterior al individuo, sino de relaciones significativas en la comunicación y las prácticas con el objeto social; que no haya pasividad en la transmisión de las representaciones ni en las interacciones cognoscitivas con el saber a enseñar; y en alguna reconstrucción individual de las creencias que se transmiten socialmente. Por supuesto, lo anterior no elimina la diferencia entre las preguntas fundamentales, ni sustituye la especificidad en los modos de recortar los objetos de investigación y de tratarlos con sus métodos específicos. De ahí la pretensión justificada de una colaboración genuina respecto de la constitución de nociones sociales en los niños (Castorina *et al.*, 2005).

Referencias

Aisenberg, B. (1994), "Por qué y cómo trabajar en el aula con los conocimientos previos de los alumnos: un aporte de la psicología genética a la didáctica de estudios sociales para la escuela primaria", en B. Aisenberg y S. Alderoqui (comps.). *Didáctica de las ciencias sociales*, Buenos Aires, Paidós.

Baquero, R. (1996), *Vygotsky y el aprendizaje escolar*, Buenos Aires, Aiqué.

Barreiro, A (2009) "La creencia en la justicia inmanente piagetiana: un momento en el proceso de apropiación de la creencia ideológica en un mundo justo", en *Psykhe*, Vol. 18, Nº 1, pp. 73-84.

Berti, A.E. y Bombi, A.S. (1988), *Il mondo economico nel bambino*, Florencia, La Nova Italia.

Bourdieu, B. (1999), *Intelectuales, política y poder*, Buenos Aires, EUDEBA.

Cariou, D. (2003), *Le raisonnement par analogie: un outil au service de la consruction du savoir en histoire par les elevès*, Thèse du Doctorat, Amiens, Université de Picardie Jules-Verne.

Carretero, M. y Voss, J. (2006), *Aprender y enseñar historia*, Buenos Aires, Amorrortu.

Castorina, J. A. (2005), "El conocimiento social y la investigación psicológica. Los desafíos para la tradición constructivista", en J. A. Castorina (coord.), *Construcción conceptual y representaciones sociales*, Buenos Aires, Miño y Dávila.

Castorina, J. A. (2008), "El impacto de las representaciones sociales en la psicología de los conocimientos sociales: problemas y perspectivas", *Cadernos de Pesquisa*, Fundaçao Carlos Chagas, 38, 135, pp. 757-776.

Castorina, J. A.; Barreiro, A.; Borzi, S.; Clemente, F.; Faigenbaum, F.; Iglesias, C.; Kohen, R.; Lenzi, A.; Pataro, A. y Toscano, A. (2005), *Construcción conceptual y representaciones sociales*, Buenos Aires, Miño y Dávila.

Castro Simán, L. M. (2005), "Representaçoes e memórias sociais compartilhadas: desafios para os processos de ensino e aprendizagem da historia", *Cadernos Cedes*, Campinas, 25, pp. 348-364.

Danziger, K. (1993), "Psychological Objects, Practice and History", en P. J. Van Srtrein y H. Van Rappard (eds.), *Annals of Thoretical Psychology*, 8, Nueva York, Plenum.

Del Val, J. (1989), "La representación infantil del mundo social", en E. Turiel, I. Enesco y J. Linza (comps.), *El mundo social en la mente infantil*, Alianza Editorial, Madrid, pp. 245-330.

Deleplace, M. (2006), "Les apprentissages conceptuales en histoire. La 'revolution' entre sens comun et sens scolaire", en *Les savoirs du quotidien*, Rennes, Presses Universitaires de Rennes.

Duveen, G. (1998), "The Psychosocial Production of Ideas: Social Representations and Psychologic", *Culture y Psychology*, 4, 4, pp. 455-476.

Duveen, G. (2000), "Genesis and Structure: Piaget and Moscovici", en F. Buschini y N. Kalampaḷis (org.), *Penser la vie, lo social, la nature*, París, La Maison des Sciences de l'Homme.

Duveen, G. (2001), "Introduction: The Power of Ideas", en S. Moscovici, *Social Representations: Explorations in Social Psychology*, Nueva York, New York University Press, pp. 1-17.

Duveen, G. (2007), "Culture and Social Representations", en J. Valsiner y A. Rosa (eds.), *The Cambridge Handbook of Sociocultural Psychology*, Cambridge University Press, pp. 543-559.

Duveen, G. y De Rosa, A. (1992), "Social Representations and the Genesis of Social Knowledge", *Productions Vives sur les Representations Sociales*, 1 (2-3), pp. 94-108.

Elias, N. (1989), *Compromiso y Distanciamiento*, Barcelona, Península.

Emler, N.; Ohana, J y Moscovici, S. (1987), "Children´s beliefs about institution roles: a cross-national study of representations of the teacher´s role", en *British Journal of Educational Psychology*, 57, pp. 120-135.

Emler,N.;Ohana, J. y Dickinson, J. (1990) "Children´s representations of social relations", en *Social Representations and the Development of Knowledge*, Cambridge, The Press Syndicate of the University of Cambridge.

Emler, N. y Ohana, J. (1993), "Studying Social Representations in Children: Just Old Wine in New Bottles?", en

Bremaweil, G. y Cunter, D. (eds.), *Empirical Approaches to Social Representations,* Oxford, Clander Press.

Faigenbaum, G. (2000), "Los criterios del valor económico en el niño", en J. A. Castorina y A. Lenzi (comp.), *La formación de los conocimientos sociales en los niños,* Barcelona, Gedisa.

Faigenbaum, G. (2005), "Las culturas infantiles y el intercambio de pares", en J. A. Castorina (coord.), *Construcción conceptual y representaciones sociales,* Buenos Aires, Miño y Dávila.

Furth, H. (1980) *The world of grown-up. Children's conceptions of social institutions,* Nueva York, Elsevier North Holland.

Graça, M.M.; Moreira, M. y Caballero, C. (2004), "Representaçoes sobre a matematica, seu ensino e aprendizagen: um estudo exploratório", *Investigaçoes em Ensino de Ciências,* 9, (1), pp. 37-93.

Grize, J. B. (1986), "Logique Naturelle et Representations Sociales", *Les Répresentations Sociales,* París, PUF.

Guyón, S.; Mousseau, M. S. y Titieux-Guillen, N. (1993), *Des nations à la Nation. Apprendre et conceptualiser,* París, INRP.

Helman, M. y Castorina, J. A. (2007), "La institución escolar y las ideas de los niños sobre sus derechos", en J. A. Castorina *et al., Cultura y conocimientos sociales,* Buenos Aires, Aiqué.

Horn, A. y Castorina, J. A. (2008), "El derecho a la privacidad en los niños. Un enfoque constructivista e institucional", *Anuario de Psicología,* XV, Buenos Aires, Facultad de Psicología, UBA, pp. 197-206.

Jodelet, D. (1989), *Les Representations sociales,* París, PUF.

Lautier, N. (1997), *Á la rencontre de l'histoire,* Villeneuve de'Ascq, Presses Universitaires du Septentrion.

Lautier, N. (2006), "L'historie en situation didactique: une pluralité des registres de savoir", en V. Hass (ed.), *Les saviors du quotidian. Transmissions, appropriations, répresentations,* Rennes, Presses Universitaires de Rennes.

Leman, P. (1998), "Social Relations, Social Influence and the Development of Knowledge, *Papers on social representations,* 7, (1-2), pp. 41-56.

Leman, P. J. y Duveen, G. (1999), "Representations of Authority and Children's Moral Reasoning, *European Journal of Social Psychology,* 29, pp. 557-575.

Lenzi, A. y Castorina, J. A. (2000), "El cambio conceptual em conocimientos políticos. Aproximación a um modelo explicativo", en J. A. Castorina y A. Lenzi (comp.), *La formación de los conocimientos sociales en los niños,* Barcelona, Gedisa.

Lerner, D. (2001), "Didáctica y psicología: una perspectiva epistemológica", en J. A. Castorina (comp.), *Desarrollos y problemas en psicología genética,* Buenos Aires, EUDEBA.

Lloyd, G. y Duveen, G. (2003), "Un análisis semiótico del desarrollo de las representaciones sociales de género", en J. A. Castorina (comp.), *Representaciones Sociales,* Barcelona, Gedisa.

Moscovici, S. (1976), *La psychoanalyse, son image et son public,* París, PUF.

Moscovici, S. (1989), "Des représentations collectives aux représentations sociales: éléments pour une histoire", en Jodelet, D., *Les représentations sociales,* París, PUF.

Moscovici, S. (2001), *Social Representations: Explorations in Social Psychology,* Nueva York, New York University Press.

Moscovici, S. (2003), "La conciencia social y su historia", en J. A. Castorina (comp.), *Representaciones sociales. Problemas teóricos y conocimientos infantiles,* Barcelona, Gedisa.

Moscovici, S. (2005), "Sobre a subjetividade social", en Celso Pereyra (org.), *Memoria, Imaginario e Representaciones Sociales,* Río de Janeiro, Museu da República Editora.

Piaget, J. (1926), *La representación del mundo en el niño,* Madrid, Morata.

Piaget, J. (1971), *Structuralism,* Londres, Routledge and Kegan Press.

Piaget, J. (1995), *Sociological Studies,* Leslie Smith (ed.), Nueva York, Routledge.

Wagner, W. y Hayes (2005), *Every Day Discourse and Common Sense,* Nueva York, Palgrave.

Wagner, W.; Duveen, G.; Verma, J. y Themel, M. (2000), "I Have Some Faith at the Same Time I don't Believe. Cognitive Polyphasia and Cultural Change in India", *Journal of Community y Applied Social Psychology,* 10, pp. 301-314.

Zittoun, T.; Duveen, G.; Gillespie, A.; Ivinson, G. y Psaltis, C. (2003), "The Use of Symbolic Resources in Developmental Transitions", *Culture y Psychology,* 9 (4), pp. 415-448.

CAPÍTULO 7

EL ENTORNO SOCIAL Y LA EDUCACIÓN EN LA PSICOGÉNESIS DE WALLON

Abigail Alvarenga Mahoney y Laurinda Ramalho de Almeida

Henri Wallon (1877-1962) es un autor francés de renombre en la psicología y en la educación por sus contribuciones a una teoría que busca aclarar el proceso de desarrollo humano y propone rumbos a las propuestas educacionales, resaltando en todos sus análisis el papel de lo social.

Es en el contexto social que el hombre se humaniza, concretizando sus posibilidades, características de su especie. El entorno social es el componente indispensable para volverse humano. De ahí la afirmación de Wallon de que el hombre es genéticamente social. Es un ser en permanente proceso de transformación, resultante de la integración genético-social: "Ella es el resultado de una oposición que obliga a lo que existe a cambiar para que siga existiendo" (Wallon, 1990, p. 129).

Wallon es graduado en filosofía y medicina, y sus investigaciones y circunstancias de vida suscitaron su interés por la psicología y por la educación, lo que determinó el foco central de sus producciones científicas.

Sus primeras investigaciones tuvieron como base observaciones detalladas de niños ingresados en una institución psiquiátrica con dificultades motoras y mentales. A partir de esas observaciones realizó su tesis doctoral, publicada en 1925 y titulada *L'Enfant Turbulent,*[26] en la que se relata el conjunto de los comportamientos manifestados de un modo espontáneo por los niños cotidianamente en la institución, siempre indicando las circunstancias en que ocurrían: el entorno social y el entorno físico. El estudio contiene las líneas fundamentales de la metodología de Wallon.

Otras circunstancias, como la Primera Guerra Mundial (1914-1918), en la que Wallon participó como médico, permitieron otras observaciones, ahora en heridos de guerra, que también indicaron la integración entre manifestaciones orgánicas y psíquicas y sus expresiones, en que el contexto social era central. A partir de esos estudios y de esas observaciones, Wallon sacó principios para la elaboración de su teoría de desarrollo con base en la psicogénesis: el mejor camino para conocer la formación del psiquismo, de la conciencia, es buscar su génesis, su origen.

El psiquismo humano se transforma constantemente desde su inicio como resultado de la unión genético-social, y en ese proceso es posible identificar características de cómo esa integración se configura en cada período, en cada etapa de la dimensión temporal que va desde el nacimiento hasta la muerte. Wallon ofrece, entonces, la concepción del psiquismo o de la conciencia como una unidad que resulta de la integración de los conjuntos funcionales: motor, afectivo, cognición, persona.

Todas esas transformaciones traducen el pasaje del sincretismo inicial a una diferenciación cada vez más acentuada; esa es la primera ley del proceso de desarrollo en todos

---

[26] En 2007 fue publicada en Brasil, como primer volumen de una colección, y tiene como objetivo divulgar los textos fundamentales que contribuyeron a la comprensión filosófica del proceso educacional a lo largo de nuestra cultura. La colección Textos Fundantes de la Educación es coordinada por el Doctor Antonio Joaquim Severino, profesor de la USP.

sus componentes. Desarrollarse es ser capaz de responder con reacciones cada vez más específicas a situaciones cada vez más variables. Es un porvenir continuo marcado por la situación histórica. Inicialmente, los conjuntos funcionales se revelan de forma sincrética, reaccionando como un todo, no diferenciando los estímulos internos y externos. Dependiendo de las solicitaciones del entorno social que garanticen la participación del niño, esos conjuntos se diferencian y responden de un modo cada vez más preciso, más claro, más articulado, más coordenado, o sea, más adaptado a esas solicitaciones y a las intenciones del niño. El modo en que cada conjunto social se desarrolla depende de las oportunidades que cada cultura posibilita.

Otras leyes reguladoras de esas transformaciones son:

* *Alternancia funcional*, que describe la predominancia de direcciones en los diferentes niveles: hacia adentro (conocimiento de sí mismo) o hacia afuera (conocimiento del mundo exterior).

* *Sucesión de predominancia funcional*, que describe qué conjunto funcional predomina en cada etapa, de acuerdo con la configuración de las relaciones entre ellos. Lo social, al considerar esas características, puede promover condiciones adecuadas y garantizar la madurez de los conjuntos funcionales y el desarrollo del individuo como un todo.

La aproximación entre esas dos leyes revela que cuando la dirección es para sí mismo –centrípeta– la predominancia es afectiva; cuando es hacia el mundo exterior –centrífuga– la predominancia es cognitiva. El soporte para las dos leyes es la actividad motora en sus desplazamientos en el espacio o en su expresión plástica (tonicidad).

* *Integración funcional*, que describe la relación jerarquizada entre las etapas. Los primeros son los conjuntos más sencillos, con actividades más primitivas que son

dominadas, integradas a los conjuntos más complejos de las etapas siguientes, de acuerdo con las posibilidades del sistema nervioso y del entorno social.

En esa perspectiva, la concepción de desarrollo es la de un proceso siempre abierto, siempre a camino de nuevas transformaciones y nunca terminado. Sin embargo, no es lineal, presenta retrocesos, crisis y ni siempre la integración de los conjuntos se hace de forma armoniosa y equilibrada. Por ejemplo, dependiendo de la intensidad de las emociones provocadas por condiciones del entorno social, lo cognitivo puede perjudicarse en su función discriminativa y evaluativa, y la condición motora puede escapar a su control.

La superación de los conflictos generados por el desencuentro entre habilidades ya adquiridas y nuevos pedidos del entorno social es el impulso para el pasaje a una nueva etapa. De ahí la importancia del entorno social que siempre proporciona actividades cada vez más exigentes: nuevos ambientes, nuevas necesidades y nuevos contextos que aumenten sus posibilidades de evolución y de diferenciación individual.

***

¿Cómo el recién nacido se vuelve un adulto de su especie? Por lo social concretizado en el *otro* individuo u *otro* producto de la cultura. El recién nacido necesita del *otro* no sólo para sobrevivir físicamente, sino también para sobrevivir culturalmente. La respuesta de ese *otro*, con su sociabilidad y con los recursos de que dispone en la cultura, discriminará las necesidades de los niños y buscará los medios para satisfacerlas.

Inicialmente, los recursos del recién nacido para expresar esas necesidades son movimientos descoordinados y llanto provocados por su sensibilidad propioceptiva (referente a las vísceras) o interoceptiva (referente a los músculos). Se trata de un lenguaje emocional porque traduce emociones y convoca al *otro* a participar de esas emociones, respondiendo de alguna forma. Para eso se vale, entonces, del movimiento: su recurso de visibilidad y conductor de su sociabilidad: "La motricidad es el tejido común y original de donde proceden las diferentes realizaciones de la vida psíquica" (Zazzo, citado por Dantas, 1983, p. 22).

En esa comunicación está la esencia de lo social: el encuentro, el cambio entre la sociabilidad del niño y del *otro*, lo que será condición permanente, indispensable y responsable por todas las transformaciones por las cuales pasa el ser humano en su existencia.

Garantizada la aproximación del *otro*, el recién nacido completa su introducción en la cultura, que a través de su estructura ofrecerá caminos, rutas posibles para su desarrollo dependiendo de las condiciones físicas y sociales de cada uno. De manera simultánea, limitará la diversidad, las alternativas de esos caminos y de las rutas.

Podemos, por lo tanto, asegurar que la emoción expresada por el movimiento es el recurso del que dispone el ser humano para su primera ligación con la cultura de su tiempo. Es la fuerza organizadora de las relaciones sociales del niño. A través de la emoción, el individuo pertenece primero a su entorno social y después a sí mismo. Esa relación entre el individuo y el entorno social es recíproca. Al mismo tiempo que el medio transforma al individuo, el individuo transforma al medio por sus reacciones. Y ese proceso, en todos sus elementos, pasa por una socialización cultural intensa, y después por una diferenciación gradual a través de varias etapas, hasta que el individuo se constituye en un ser único, diferenciado de todos los otros de su especie. La existencia individual está, por lo tanto, sumergida en la existencia sociocultural de su época.

Podemos concluir, entonces, que la constitución de los niños cuando nacen no será la única ley de su desarrollo. Sus efectos serán ampliamente transformados por su participación en los distintos entornos y grupos ofrecidos por la sociedad: "Los entornos donde vive y aquellos con los cuales sueña son el molde que deja la marca en su persona. No se trata de una marca aceptada pasivamente" (Wallon, 1979, p. 167).

Entornos sociales y grupos son nociones conexas, que pueden a veces coincidir, pero son distintas. El entorno se refiere al conjunto más o menos durable de las circunstancias que involucran las existencias individuales. Incluye condiciones físicas y sociales que son transformadas por las técnicas y los usos del grupo humano. Una característica esencialmente humana es el hecho de que el entorno social se sobrepone al entorno físico. El niño lo alcanza sólo a través de lo social, lo cual coloca distintas condiciones de existencia colectiva, en las que surgen diferenciaciones individuales.

Los grupos tienen objetivos determinados, de los cuales dependen su composición, la división de tareas que regula las relaciones entre sus miembros y su jerarquía. El ejercicio ideal de autoridad es aquel en que cada uno tiene sus propias responsabilidades, mientras que todos son responsables por cada uno. Eso es lo que Wallon llama solidaridad. El grupo es indispensable para el aprendizaje social del niño, lo que contribuye no sólo para el desarrollo de su personalidad, sino también para que tome conciencia de sí mismo al desempeñar varios papeles solicitados, en colaboración con los otros participantes para alcanzar los objetivos asumidos.

Cuando se clasifica entre los otros miembros semejantes o distintos de él, el niño aprende a diferenciar nuevos tipos de relaciones, toma conciencia de sus habilidades, de sus sentimientos y de su individualidad.

El grupo sitúa al niño entre dos exigencias opuestas. Por un lado, la filiación al grupo en su conjunto, identificándose con sus objetivos, intereses y aspiraciones. Por otra parte, debe diferenciarse ocupando un lugar en su estructura, desempeñando un papel determinado, sin desconsiderar la autonomía de los otros miembros. "Es de la naturaleza del grupo que esas dos tendencias, individualismo y espíritu colectivo, se confronten entre los miembros del grupo y también entre cada uno de ellos" (Wallon, 1979, p. 173). Esas dos tendencias dan vida a los grupos; son complementos de un mismo proceso.

El conocimiento de sí mismo no existe sin grupos de referencia. El grupo excede las relaciones subjetivas de persona-persona e impone funciones definidas a sus miembros. Aquí es presentado el problema del *nosotros*, que puede tener dos direcciones: una positiva y una negativa ("nosotros todos" o "nosotros otros"). El primero lleva a la solidaridad y el segundo a la exclusión. "El *nosotros* puede, además, tener dos orientaciones distintas [...] una inclusiva y una restrictiva, una que reúne y la otra que excluye" (Wallon, 1979, p. 173).

El grupo también puede ser considerado como entorno funcional porque crea circunstancias que duran largos períodos de tiempo. El grupo familiar es el primero en que el niño puede encontrar los recursos para satisfacer sus necesidades, adquiriendo entonces sus primeras conductas sociales, moldadas por la cohesión entre sus miembros en situaciones diversas. Fija su existencia en las relaciones en que cada miembro tiene un lugar y un papel fijo: hijo mayor, hijo del medio, hijo menor.

El papel de la familia es tradicionalmente asegurar alimentación, manutención, seguridad y educación. Involucra al niño por completo, antes de cualquier posibilidad de opción o reflexión. Sus efectos pueden escapar a una toma de conciencia posterior y ser confundidos como rasgos naturales del individuo. Es la primera fuente de valores, que son los más difíciles de alterar, porque son asimilados antes de cualquier evaluación propia. Van a liderar muchos de sus comportamientos porque el hábito precede a la opción. Sin embargo, la opción puede imponerse para resolver discordancias que seguramente van a surgir con el pasar del tiempo.

Para evolucionar es necesario usar lo cognitivo, para evitar que el hábito siempre preceda a la elección consciente.

> Los entornos de que depende comienzan seguramente por manejar sus conductas y el hábito precede a la elección, pero la elección puede imponerse tanto para resolver discordancias, como para la comparación de sus propios entornos con los otros (Wallon, 1975, p. 167).

La escuela posibilita una nueva manera de disciplina y de relaciones interpersonales en distintos grupos. Esos grupos adquieren mayor visibilidad y potencia en el período de la pubertad y la adolescencia. Sirven como punto de apoyo para la exploración de sí mismo y de su autonomía, a través de actividades de confrontación, autoafirmación, cuestionamiento de valores, búsqueda de mayor claridad de los límites de dependencia. Busca diferenciarse de los adultos, al mismo tiempo que depende de su orientación para sus elecciones más esenciales. Esa ambivalencia de actitudes y sentimientos genera deseos de cambio de hábitos de vida, de formas de relaciones y de valores necesarios para que constituya su identidad.

La escuela no puede considerar al niño exceptuando su entorno. El estudio de esos entornos es necesario para que se conozca mejor al individuo. Es aquí que la psicología y la sociología pueden combinar sus esfuerzos. El conocimiento adecuado de los grupos sólo se puede efectuar por un análisis sociológico que revele su estructura, mostrando la dinámica de las relaciones interpersonales. La escuela tiene una estructura administrativa que expresa su organización de acuerdo con la legislación oficial. Sin embargo, su estructura total es más amplia porque incluye todas las relaciones que derivan de su existencia como grupo social.

Esas relaciones nacen de la dinámica de los grupos, de su tipo de sociabilidad y muestran una realidad más detallada que resulta de la interacción entre sus miembros. Es necesario aprehender la realidad total de la escuela para analizarla de manera completa. La escuela necesita conocer al niño en sus relaciones con el entorno social, en sus etapas de desarrollo, en las cuales presenta distintas necesidades.

La secuencia de etapas propuesta por Wallon es la siguiente:

- Impulsividad-emocional (0 a 1 año)
- Sensorial-motora y proyectiva (1 a 3 años)
- Personalismo (3 a 6 años)
- Categoría (6 a 11 años)
- Pubertad y adolescencia (11 años en adelante)

Las formas de expresión de cada etapa son determinadas por la inmersión del niño en cada cultura en una época dada, basadas también en las características orgánicas: "Uno de los puntos más interesantes de la psicología social y de la sociología es la determinación de los aspectos diferenciales de la sociabilidad del educando de acuerdo con el nivel de edad" (Souza, 1953, p. 13).

Las edades indicadas fueron propuestas para los niños de una época y una cultura. En la actualidad deben ser revisadas para nuestra cultura. Más que límites de edad, se hace necesario identificar los intereses y las actividades que surgen en cada período, provenientes de las rápidas transformaciones por las cuales pasa la sociedad.

Los niveles sólo adquieren sentido dentro de una secuencia temporal, una vez que las actividades del anterior preparan la emergencia del siguiente. Las situaciones a las cuales el niño reacciona son las que corresponden a los recursos de los que dispone en el momento. Con la edad varían las relaciones del niño con el entorno, y ese entorno es distinto a cada etapa.

Etapa impulsivo-emocional (0 a 1 año):

En la primera fase, impulsiva (0 a 3 meses), predominan las actividades que pretenden la exploración del propio cuerpo con relación a sus sensibilidades internas y externas. Es una actividad global, todavía no estructurada, con movimientos bruscos de rigidez y relajamiento de la tensión muscular. De esos movimientos son seleccionados los que garantizan la aproximación del *otro* para que cuide de sus necesidades y proporcione bienestar. Todas las relaciones tienen que ser completadas e interpretadas. Es en los movimientos y sentimientos del *otro* que sus actitudes tomarán forma.

En la fase emocional (3 a 12 meses) ya es posible reconocer patrones emocionales diferenciados para miedo, alegría, rabia, etc. Se inicia así el proceso de discriminación de formas de comunicación a través del cuerpo. El efecto obtenido es cada vez más intencional, y hay una manifestación emocional. Ocurre, entonces, una simbiosis afectiva: el bebé ya se dirige hacia las personas que cuidan de él con sonrisas, como forma de contentamiento. Es un enlace predominantemente afectivo con el *otro*. Diferencia a las personas que lo cercan por la función que desempeñan.

El niño vive casi tanto de sus relaciones sociales como de su alimentación. Para que su desarrollo sea normal, necesita ser objeto de demostraciones afectivas.

Etapa sensorial-motora y proyectiva (1 a 3 años):

Las actividades se concentran en la exploración concreta del espacio físico a través de actitudes como agarrar, manipular, señalar, sentar, andar, etc., ayudadas por la falta, acompañadas de gestos. Se inicia así la discriminación entre objetos, identificándolos. Toda esa exuberante actividad motora prepara no sólo lo cognitivo, sino también lo afectivo, que van a instrumentalizar al niño hacia la próxima etapa. Amplía juegos de alternancia en los que es autor y objeto del mismo gesto. Une dos papeles distintos, con reciprocidad. Ensancha su horizonte para concebir relaciones bipolares. La simbiosis afectiva se relaja, así como el sincretismo subjetivo que precede a la diferenciación entre el individuo y su ambiente. Su desarrollo social pasa por rápidas etapas, cuando empieza a andar y a hablar. Cuando anda, puede cambiar su ambiente. Cuando habla da nombres que diferencian a las personas y a los objetos.

Etapa de personalismo (3 a 6 años):

Ahora es la exploración de sí mismo como un ser diferente, constitución de la propia subjetividad a través de las actividades de oposición (expulsión del *otro*) y al mismo tiempo de seducción (asimilación del *otro*) y de imitación. Empieza, entonces, el proceso de discriminación entre el *otro* y el yo, separándose, distinguiéndose del *otro*, lo que se revela en el uso insistente de expresiones como yo, mío, no, yo quiero, yo no quiero, etc. Aprende la distinción entre lo mío y lo tuyo. Es una primera conciencia de su autonomía.

Puede privilegiar grupos que están más de acuerdo con su preferencia, ocasiones para enriquecer su personalidad. Es más sensible a la estructura familiar, que delimita su personalidad, donde es el foco de intereses, sentimientos, exigencias, límites, etc. Es una estructura que determina su vida. No puede tomar conciencia de esa estructura, sin tomar al mismo tiempo una primera conciencia de su autonomía. Al mismo tiempo se siente solidario con la familia y ávido de su autonomía.

Etapa de categoría (6 a 11 años):
La diferenciación nítida entre el *otro* y el yo da condiciones estables a la exploración mental del mundo físico, mediante actividades de agrupamientos, ordenación, clasificación, categorización en varios niveles de abstracción. La organización del mundo físico en categorías mejor definidas posibilita también una comprensión más nítida de sí mismo. Es concebida como una unidad que puede ser añadida a diferentes grupos y clasificada según las actividades propuestas. Está en condiciones de entrar en grupos o retirarse de ellos de acuerdo con sus intereses y objetivos, o sea, puede elegir.

El niño todavía tiene cierta dependencia en relación con el adulto o con los compañeros mayores, que pueden rechazarlo. Tiene la necesidad de relaciones más iguales, de valerse como individuo y medir fuerzas en relación con el grupo. El trabajo en equipo desarrolla su iniciativa y cooperación, pero no es suficiente porque puede provocar rivalidades y prejuicios.

Desarrollar solidaridad y mutua colaboración es otra manera para usar la sociabilidad de ese período y unir el individuo al grupo. Se establecen entre el grupo y el niño relaciones de cooperación (igualdad) y de exclusión (rivalidad).

Etapa de pubertad y adolescencia (11 años en adelante):
Otra vez aparece aquí la exploración de sí mismo, ahora como una identidad autónoma, mediante actividades de confrontación, autoafirmación y cuestionamientos, al mismo tiempo que se apoya y se somete al grupo de pares, contraponiéndose a los valores interpretados por los adultos con quienes convive. Hay cierta desorientación con relación a sí mismo, tanto desde el punto de vista físico como moral; dominio de categorías cognitivas de mayor nivel de abstracción, en las cuales la dimensión temporal

logra relevo, posibilitando una discriminación más clara de los límites de su autonomía y de su dependencia. Esa necesidad de elección marca una evolución decisiva de los individuos. Es la época de las inquietudes y vocaciones, y de la opción por valores morales. Hay una vida afectiva muy intensa, al mismo tiempo que un deseo de llamar la atención, sorprendiendo el ambiente con arrogancia, duda de sí mismo con incomodidad y vergüenza. Hay muchas variaciones en la expresión de esas características de acuerdo con el entorno familiar, los recursos financieros o las pretensiones sociales.

Las acciones o reacciones del entorno social son muy importantes para la formación del adolescente. El joven necesita ser escuchado, respetado y valorado, participando de un modo activo en la discusión de los límites y de las sanciones, necesarios para el desarrollo de su autonomía y de los grupos en que participa. Tiene la necesidad de posicionarse en relación con distintas situaciones de orden político, religioso y moral.

Una mala orientación puede llevar a la formación de pandillas que se reúnen de forma aleatoria, descontentas con la sociedad, que no encuentran direcciones satisfactorias y se empeñan en cometer depredaciones, hacer pintadas y otros actos de violencia. Una buena orientación del entorno social debe buscar desarrollar en el adolescente el sentimiento de responsabilidad con relación a las tareas sociales que tendrá que ejecutar ante los distintos grupos en los que participa: familia, escuela, amigos, comunidad, trabajo, etc. "La responsabilidad consiste, en efecto, en tomar sobre sí mismo el éxito de una acción que es ejecutada en colaboración con otros o en provecho de una colectividad" (Wallon, 1979, p. 228).

El responsable es aquel que debe ser el primero en sacrificarse en la búsqueda del éxito de una acción, de un compromiso asumido. Cuando organiza la noción de tiempo psíquico en las dos direcciones –pasado y futuro–, el adolescente llega a una toma de conciencia temporal de sí. Lo que caracteriza su pasaje a la vida adulta es la clara definición de sus valores y el compromiso de que ellos serán los indicadores centrales de sus elecciones futuras.

Los comportamientos agresivos no son necesariamente indispensables para llegar a ese punto, como parece querer convencer nuestra cultura a los adolescentes y a los adultos:

> Pero, en la escuela, entre alumnos y profesores, así como más tarde entre adolescentes y adultos, el conflicto no es necesario. Y si los grupos son de hecho formaciones particulares, no son inevitablemente hostiles a lo que es distinto de ellos (Wallon, 1979, p. 174).

***

¿Cuáles son los parámetros que la lectura de Wallon proporciona a la escuela contemporánea? "Una buena teoría, como una fotografía, es aquella que permite descubrir dimensiones más allá de su foco" (Mahoney, 2004, p. 13). Wallon no elaboró ningún método pedagógico original, aunque haya sido profesor y haya participado activamente del debate educacional de su época. Cursó la Escuela Normal Superior (1899-1902). Era encargado de las conferencias sobre la psicología del niño en la Sorbonne (1920-1937), fue electo presidente de la Sociedad Francesa de Psicología (1937), profesor de la cátedra de Psicología y Educación del Niño, en el *Collège de France* (1937-1949, con interrupción de 1941 a 1944, por imposición del gobierno de Vichy), secretario general del Ministerio de Educación Nacional, en el Gobierno de la Liberación (1944, cuando introdujo en Francia la Orientación Escolar). Presentó a la Asamblea Nacional el proyecto Langevin-Wallon (1947, trabajo que había iniciado con un grupo de educadores eméritos, en 1944). Fundó la *Revista Enfance,* que circula hasta hoy.

En su clase inaugural en el *Collège de France* en 1937 (que se transformó en artículo: Wallon, 1975) justifica el nombre de la nueva cátedra, Psicologia y Educación del Niño, título que expresa las dos facetas indisociables de su obra: la psicología y la educación. Sin superioridad de una sobre la otra, "entre la psicología y la educación las relaciones no son las de una ciencia normativa y de una ciencia o arte aplicada" (Wallon, 1975, p. 10). O sea, la psicología y la pedagogía constituyen dos momentos complementarios de una misma actitud.

Toda su obra está impregnada de elementos que permiten elaborar una propuesta de educación, lo que llevó Snyders a afirmar, al homenajearlo por ocasión del centenario de su nacimiento, en el Segundo Congreso Internacional de Psicología del Niño, realizado en París, en 1979:

> Si llamamos pedagogía lo que encontramos en Comenius, en Rousseau o en Makarenko, o sea, una teoría general unida a los medios precisos y minuciosos para practicarla, según las circunstancias, las edades y las diferentes asignaturas, no estoy seguro de que lo que encontramos en Wallon sea pedagogía [...] lo que aprecio en él es lo que me gustaría evocar hoy: Wallon me parece el hombre que muestra que una pedagogía progresista puede existir, que nos garantice su existencia y que nos explique en qué circunstancias y a qué precio (Snyders, 1979, pp. 99-100).

La "pedagogía progresista" a la cual se refiere Snyders posiblemente provenía de la apreciación que Wallon hacía del Movimiento de la Escuela Nueva: pertinente y actual. Wallon apoyaba las críticas a la enseñanza dogmática y autoritaria de la escuela tradicional y sus tentativas de ajustamiento del individuo a la sociedad, y al mismo tiempo argumentaba sobre el equívoco de la Escuela Nueva que no consiguió al igual que la escuela tradicional superar la

dicotomía individuo-sociedad. Su formación dialéctica
buscaba siempre la superación de las dicotomías, de ahí
su crítica: no priorizar individuo o sociedad, sino integrar
los dos polos. Por lo tanto, veía la escuela como "un campo
privilegiado, porque se trata de la obra más fundamental
en la sociedad de nuestros días: la educación de los niños.
Por la importancia de las responsabilidades que asume, por
la complejidad de los intereses que representa" (Wallon,
1975, p. 202). Wallon sugería, entonces, que la pedagogía
fundamentase las actividades en la relación recíproca entre
el hombre y su entorno social, dando al alumno recursos
para el desarrollo de todas sus potencialidades, no para
disfrutarlas individualmente, sino para la transformación
social, para la construcción de una sociedad más justa e
igualitaria.

El Plan Langevin-Wallon es la obra sobre educación
más conocida del autor, elaborado después del término de
la Segunda Guerra Mundial, y que pretendía una reforma
completa del sistema escolar francés. Basado en el principio
de la justicia social, proponía la sustitución de los criterios
dominantes de la enseñanza francesa, de selectividad en
función de clase social o recursos financieros, por criterios
basados en las aptitudes y potencialidades de los alumnos,
sin discriminación de cualquier tipo: étnica, religiosa, social. Sólo aptitudes individuales deberían ofrecer límites,
y éstas deberían ser observadas a través de la orientación
escolar y de la orientación profesional, y promovidas por
la escuela (Wallon introdujo, en las escuelas francesas, en
1944, la Orientación Escolar).

Constatando que al eliminar la selectividad por criterios económicos generaría que los alumnos menos favoreci-
dos pudiesen disfrutar de recursos para la democratización
de la enseñanza, propuso algunas medidas, entre ellas:
gratuidad en todos los niveles, recursos de transporte, y
en ciertos casos, de alojamiento, becas para estudiantes.

Proponía también una mejora de la situación de los profesores, de sueldo y de técnica, con el acompañamiento de los inspectores para una actuación que condijera más con las propuestas del Plan: adecuación de la enseñanza a los niveles de desarrollo, y para eso, ciclos de enseñanza con estructura diferenciada para atenderlos. Para la "formación del hombre y del ciudadano", la escuela pública y única, con el propósito de ofrecer oportunidades para todos, debería tener en cuenta que "no se puede disociar la educación de la inteligencia y del carácter. Es la vida escolar completa que ofrece los medios que forman al niño" (Plan Langevin-Wallon, 1969, p. 187).

Otras sugerencias del Plan, referentes a los métodos, límites de tiempo a las actividades respetando las posibilidades y ritmos del alumno, tenían siempre en cuenta las relaciones del niño con su entorno. Ese alerta de Wallon –estudiar al niño en las relaciones con el entorno social circundante– es una herramienta valiosa para la comprensión de los comportamientos de los alumnos, y para reflexionar sobre cuestiones como atención, interés, relaciones interpersonales, disciplina.

Es importante resaltar que la propuesta del Plan –división en ciclos– es una estructura para posibilitar la formación del individuo integral –cognición-afectividad-movimiento– como participante de la cultura de su tiempo y como actor social, actuando en la transformación, a favor de la justicia social. La idea que pasa por el Plan es la idea de cultura: el mundo social, cultural, técnico, creado por el hombre debe de ser apropiado por el niño: la infancia es el período propicio para esa apropiación, y la educación es el recurso para eso. Esa apropiación cultural es entendida como hacer suya la cultura de la época, por su comprensión y por su aplicación, integrándose en ella, y trayendo su parte de contribución. Es la propuesta de un humanismo que contempla el pasado para vislumbrar y construir el futuro, y que lleva al adulto a presenciar el desarrollo del niño, a tomar una nueva conciencia de sí mismo: educar es humanizarse, conocer al niño es conocerse a uno mismo.

Dos puntos todavía merecen comentarios con relación al Plan Langevin-Wallon. El primero se refiere a la denominación que recibió. Tran-Thong (1969) informa que en noviembre de 1944 un decreto del Ministerio de Educación creó una Comisión de Estudio encargada de elaborar un proyecto de reforma de la enseñanza, y nombró a Langevin presidente de la comisión. Piéron y Wallon fueron nombrados vicepresidentes. Los miembros de la comisión, elegidos entre los representantes de profesores, fueron divididos en cuatro subcomisiones: la primera, presidida por Langevin, estudiaba la organización general; la segunda, presidida por Piéron, los programas y los métodos; la tercera, presidida por Wallon, la formación de profesores; y la cuarta, presidida por Fabvre, la educación general. Con la muerte de Langevin, en 1946, la Comisión designó a Wallon para presidente. El 19 de junio de 1947 fue aprobado el proyecto por la comisión y enviado al Ministerio de Educación Nacional; posteriormente recibió el nombre de Plan Langevin-Wallon de Reforma de la Enseñanza.

Otro punto importante se refiere a su implementación. Ese Plan, aunque no ejecutado en su totalidad, tuvo propuestas pedagógicas puestas en ejecución en las "*sixièmes nouvelles*" –los primeros años de la secundaria–, en los cuales se inició una experiencia pedagógica con el objetivo de establecer nuevos principios y métodos educacionales.

Las "*classes nouvelles*" inspiraron en el Estado de San Pablo, Brasil, un movimiento de renovación educacional en la secundaria. En 1958, el Departamento de Educación de San Pablo envió a la Dirección de Enseñanza Secundaria del Ministerio de Educación y Cultura un "Plan para la organización de clases experimentales", que fue desarrollado en nueve establecimientos de la capital y del Interior, entre los que estaban los colegios vocacionales. Esta experiencia fue interrumpida de forma abrupta cuando se instaló el gobierno dictatorial, en 1964, por considerarla peligrosa al sistema, por la valoración que daba a la reflexión crítica sobre lo social.

***

Si la trayectoria de Wallon en la educación hizo que él llegase a la propuesta del Plan Langevin-Wallon, fueron los supuestos de su teoría de desarrollo los que le dieron las principales ideas, y esas mismas ideas, actualmente, nos llevan a una pregunta: ¿cómo la escuela puede contribuir para que el individuo, que ya es una síntesis organismo-entorno social, se desarrolle en una determinada dirección, de acuerdo con los fines propuestos por la escuela y por la sociedad?

Esta pregunta tiene su origen en otras: ¿cómo son formados los valores? ¿Cómo esos valores orientan el cotidiano de la persona? ¿Cómo la transformación social puede basarse en la ética? ¿Cómo la escuela, como espacio de constitución de la persona, puede favorecer a la construcción de valores?

Entra, entonces, el papel de los grupos que integran el entorno escolar, y el papel del profesor como organizador y mediador en el aula, pues:

> El contenido, y también sus métodos y asignatura escolar son los medios permanentes y normales para dar al niño el gusto por la verdad, la objetividad del juicio, el espíritu de libre examen y el sentido crítico que hará que él se convierta en un hombre que elegirá sus opiniones y sus actos (Plan Langevin-Wallon, 1969, p. 187).

El proceso de humanización, o sea, de dar al niño y al joven las herramientas para convertirse en un miembro de la humanidad, aquí y ahora, se hace en los diferentes entornos y grupos en los cuales transitan. En los grupos, el alumno tendrá la vivencia de papeles diferenciados, aprenderá a asumir y dividir responsabilidades, respetar reglas, administrar conflictos, comprender la necesidad del vínculo y de la ruptura, y convivir.

En los grupos, cuando cada uno asume sus responsabilidades, al mismo tiempo en que todos se responsabilizan por cada miembro del grupo, la solidaridad es desarrollada. Solidaridad, y no sólo cooperación, porque la cooperación puede atentar sólo en beneficio del propio grupo. El Plan Langevin-Wallon propone la búsqueda de la armonía entre los objetivos individuales y los colectivos, superando el antagonismo entre el individuo y la sociedad.

Para atender al objetivo de solidaridad propuesto en el Plan, y promover el desarrollo cognitivo-afectivo de su alumno, la escuela necesita respetarlo. ¿Qué es respetar al alumno?

- Es aceptarlo en el punto en que esté, lo que significa conocerlo en su etapa de formación y conocer los entornos sociales en los cuales transita y se desarrolla;
- es seguir el ritmo de su desarrollo;
- es ofrecer nuevos entornos y grupos para que él pueda ejercitar sus posibilidades y desarrollar sus acciones;
- es aceptar la educación como una relación evolutiva que se transforma y se vuelve en autonomía (Almeida, 2008, p. 82).

Para eso, es necesario que el profesor sea un observador perspicaz, lúcido y constante de su alumno:

> Observar es evidentemente registrar lo que puede ser verificado. Pero registrar es aun analizar y ordenar lo real en fórmulas, es hacerle preguntas. Es la observación que permite levantar problemas, pero son los problemas levantados los que hacen posible la observación (Wallon, 1975, p. 16).

Wallon nos recuerda que "lo que dificulta la observación es el hecho de que el observador esté en presencia de lo real, de todo lo real, sin otro instrumento que no sea la sagacidad de que dispone" (Wallon, 1975, p. 16).

Es necesario tener presente que las observaciones no son simples copias de la realidad. Son aproximaciones a la realidad, porque el observador tiene siempre, consciente o no, un cuadro referencial para su observación. Por lo tanto, constantemente tiene que observarse a sí mismo. Si el alumno necesita ser observado en sus condiciones concretas de existencia, el profesor-observador necesita aceptar que él también es históricamente constituido en sus condiciones de existencia de las cuales provienen sus cuadros de referencia. De ahí el cuidado de observarse, y observar no sólo a sus alumnos, sino también la situación total: profesor-alumno-entorno social.

Vale resaltar que la información sobre la escuela pensada por Wallon, como la de hoy, es una institución social que asume múltiples papeles en la socialización de los alumnos. La cultura de la escuela, tanto por la vía de los contenidos explícitos que vehiculiza, como por el currículum oculto que corre paralelo al explícito, impone mecanismos sutiles para inculcar valores y modelar comportamientos.

Actualmente, tenemos en América Latina una gran heterogeneidad en la población escolar, proveniente de la escolaridad obligatoria y de la consecuente expansión de los sistemas escolares, además del contexto de la globalización y de mucha información. Observar al niño como a una persona completa, integrada, contextualizada y única es el camino para que la escuela sea promotora de inclusión, y no de exclusión social.

¿Cómo hacerlo? La teoría psicogenética walloniana ofrece algunas pistas:

a) Es importante que el profesor esté atento a sus emociones y a las emociones de los alumnos: como la emoción es contagiosa, de acuerdo con su intensidad, las reacciones del otro intensifican o no sus efectos; que controle la temperatura emocional del grupo y de cada alumno individualmente, tomando distancia de la emoción del alumno; que tenga en cuenta la evolución de la afectividad y de la inteligencia, recordando, por ejemplo, que mientras el niño pequeño demanda proximidad, agarrar, palpar, en otros niveles, la afectividad exige recursos para comprender el mundo, exige respeto a sus ideas.

b) Es importante que el profesor tenga en cuenta que todo nuevo aprendizaje implica una situación de impericia, y en esa situación, emoción y razón tienen un equilibrio precario: perdurando la emoción, el aprendizaje queda perjudicado; que observe atentamente las manifestaciones del funcionamiento mental de sus alumnos para ayudarlos en la superación de los obstáculos provenientes de la evolución del pensamiento, pues desde el punto de vista psicogenético, el niño actúa de acuerdo con su nivel de desarrollo.

c) Es importante que el profesor esté atento al hecho de que el niño tiene una disposición natural para interrogarse sobre sí mismo o sobre los acontecimientos que provocan su actuación; de la observación atenta de su alumno y de su contexto –de la persona y del entorno social–, propondrá cuestiones que le despierten interés, para las cuales tenga los recursos del desarrollo. Con eso, enfocará su atención y no la dejará a merced de la atención espontánea.

d) Es importante que el profesor tenga en cuenta que muchas de las dificultades de aprendizaje son provenientes de la falta o déficit de la inversión del alumno en el acto de aprender. Observándose a sí mismo y observando al niño para aclarar los motivos del no desarrollo, obtendrá tiempo para pensar, para organizarse, para elaborar su trabajo y para lograr éxitos.

e) Es importante que el profesor observe el entorno como factor de desarrollo; nada puede ser analizado dislocado de la situación en que está. Observando atentamente las relaciones de los niños con su entorno y los momentos más frecuentes de la explosión de los conflictos (profesor fuera del aula, cansancio acumulado, ausencia de tareas, hambre, por ejemplo), puede ejercer su papel de organizador del ambiente, transformando el ambiente físico en un lugar acogedor, lleno de atractivos, que despierte el interés del niño y proporcione actividades significativas, demostrando que está percibiendo las necesidades de sus alumnos en aquel momento.

Enfatizamos que Wallon propuso una teoría de desarrollo, no de enseñanza. Por lo tanto, lo que hicimos fue realizar una inferencia de lo que esa propuesta puede ofrecer a la escuela, con el presupuesto de que la escuela hace diferencia, porque es un medio fundamental para el desarrollo. Sin la ingenuidad de aceptar que la escuela puede todo, aceptamos que la escuela, promoviendo un ambiente emocional, cognitivo y motor favorable al aprendizaje, puede contribuir con la generación de mejores condiciones de vida.

Referencias

Almeida, L. R. (2008), "Wallon e a educação", en A. A. Mahoney y L. R. Almeida, (orgs.), *Henri Wallon: Psicologia e educação,* San Pablo, Edições Loyola, pp. 71-87.

Dantas, P. S. (1983), *Para conhecer Wallon: uma psicologia genética,* San Pablo, Brasiliense.

Mahoney, A. A. (2004), "A constituição da pessoa: desenvolvimento e aprendizagem", en A. A. Mahoney y L. R. Almeida. (orgs.), *A constituição da pessoa na proposta de Henri Wallon,* San Pablo, Edições Loyola, pp. 13-24.

Merani, A. L. (1969), "Plan Langevin-Wallon", *Psicología y pedagogía (las ideas pedagógicas de Henri Wallon),* México DF, Editorial Grijalbo.

Snyders, G. (1979), "Em que sentido podemos falar atualmente de uma pedagogia walloniana?", *Enfance,* 5.

Souza, A. C. M. (1953), *A estrutura da escola: contribuição sociológica aos cursos especializados de administração escolar,* Caderno no 5, San Pablo, Secção de Publicações da Faculdade de Filosofia, Ciências e Letras, Universidade de São Paulo.

Thong, T. (1969), *La pensée pédagogique d'Henri Wallon,* París, Presses Universitaires de France.

Wallon, H. (1937/1975), *Psicologia e educação da infância,* Lisboa, Editorial Estampa.

Wallon, H. (1946/1990), "Matériàlisme dialectique et psychologie", en E. Jalley y L. Maury (orgs.), *Henri Wallon. Psychologie et dialectique: (écrits de 1926 à 1961),* París, Messidor / Editions Sociales.

Wallon, H. (1947/1979), "O estudo psicológico e sociológico da criança", en H. Wallon, *Psicologia e educação da criança,* traducción de A. Rabaça y C. Trindade, Lisboa, Editorial Vega.

Wallon, H. (1952/1979), "As etapas da sociabilidade na criança", en H. Wallon, *Psicologia e educação da criança,* traducción de A. Rabaça y C. Trindade, Lisboa, Editorial Vega.

Wallon, H. (1954/1979), "Os meios, os grupos e a psicogênese da criança", en H. Wallon, *Psicologia e educação da criança,* traducción de A. Rabaça y C. Trindade, Lisboa, Editorial Vega.

Capítulo 8
Superando la dicotomía saber-acción: una nueva propuesta para la investigación y la formación docente

Claudia Davis y Wanda María Junqueira de Aguiar

Introducción

Esta presentación tiene como objetivo describir, a partir de los presupuestos teórico-metodológicos de la teoría sociohistórica en psicología y de la ergonomía francesa actual, un método que propicie alcanzar conocimientos nuevos sobre la forma de actuar de los profesores en el aula y, al mismo tiempo, proporcione subsidios para esa formación, más allá de los problemas encontrados en el ejercicio de la docencia. Esta nueva forma de investigar surgió de la literatura pertinente, de nuestra experiencia, de las vicisitudes de la formación de profesores y del análisis de los diferentes tratamientos dados a la cuestión.

Cabe destacar que gran parte del aprendizaje relatado ha sido posible por el hecho de desarrollar un proyecto de investigación (PROCAD) financiado por CAPES. El artículo se organiza de la siguiente manera: empieza reviendo los principales enfoques que se les ha dado a la formación y al trabajo docente, mostrando cómo se instala en ellos una dicotomía entre el saber y la acción. Luego, se presentan dos tipos de categorías teóricas y metodológicas que se articulan entre sí, orientando el método propuesto: las que se basan en la psicología sociohistórica y las que se fundan en la ergonomía francesa actual. El núcleo central del artículo lo constituyen los procedimientos que se emplearán en esta forma de investigar y su justificación. Finalmente, se presentará un balance de las ventajas y de los problemas encontrados en dicho método.

Formación de profesores: dos abordajes que no convergen

La formación docente ha sido objeto de muchos estudios (Oliveira, 2004; Santo, 2004; Talavera, 2004), tanto en nuestro país como en el exterior. De hecho, los cambios observados en el escenario mundial, que se han dado de una forma más aguzada en las dos últimas décadas, dieron lugar a nuevas cuestiones con respecto a los objetivos de la escolarización, exigiendo cambios en las formas de organización del trabajo en la escuela. Las nuevas demandas requieren una intensificación del trabajo del profesor y una ampliación de su radio de acción que, ante la ausencia de una política clara de formación de docentes, han generado desgaste e insatisfacción por parte del profesorado. Libâneo (2003) muestra claramente la necesidad de contar con profesores que logren ajustar sus didácticas a la sociedad actual, al conocimiento, al alumno y a los diferentes universos culturales. Para este autor, el perfil esperado requiere de lo siguiente:

> Una cultura general más amplia, capacidad de aprender a aprender, competencia para saber actuar en el aula, habilidades comunicativas, dominio del lenguaje informacional, saber utilizar medios de comunicación y articular las clases con medios de comunicación y multimedia (p. 10).

Alcanzar dichas metas implica una reconfiguración de su identidad profesional, capaz de ponerlo en posición de luchar por mejoras salariales, de condiciones de trabajo e, incluso, de una formación de calidad. Como bien muestra

Nóvoa (2004), uno de los aspectos centrales del proceso de recalificación del docente se centra en su formación, que, según el autor, debe considerar la integridad del educador: su historia, su aprendizaje, su experiencia particular. El autor afirma que, considerando dichos aspectos, los profesores logran mantenerse actualizados (tanto en lo que se refiere a contenidos como a métodos de enseñanza), y como consecuencia, diversificar sus prácticas pedagógicas, de manera que puedan atender a la variedad de alumnos que encuentran en el aula. No obstante, resalta que la búsqueda individual de actualización siempre es más difícil y que, por esta razón, el local de trabajo constituye el espacio ideal para la formación continua de los docentes.

Como bien señala Brando (1999), formación inicial y formación continua son conceptos que es necesario aclarar: la primera se da en los cursos de magisterio o en los cursos de nivel superior, representando sólo un aspecto del esquema más amplio de profesionalización del profesor, que cada día se considera más importante para poder ofrecer una escuela básica de calidad. Mello (2000), sin embargo, señala la gran dificultad que se enfrenta cuando se trata de formar el cuerpo docente para magisterio. Argumenta, por un lado, que sólo demuestran interés por enseñar los alumnos egresados de los cursos de magisterio de 1º a 4º grado del primario, exactamente los que, al aprender la práctica de enseñar, no cuentan con la posibilidad de aprender bien (o seguir aprendiendo) de los que enseñan. Por otro, observa que los alumnos que asisten a los cursos superiores de formación docente no quieren enseñar, prefieren actuar en su propio campo de formación: matemáticas, biología, historia, literatura, etc. Muestra también que, de un modo general, los cursos no se vuelcan hacia la educación básica, ni hacia las preocupaciones y problemas que se deben resolver. El interés principal incide, al menos en aquellos que cuentan con una buena calidad, en la investigación.

Para Brando (1999), formación continua, por otro lado, es la que se desarrolla a lo largo de la trayectoria profesional del profesor. Sin embargo, las modalidades de formación en servicio son muy criticadas (Freitas, 2002; Gatti, 2003), por seguir una concepción extremadamente de contenido y pragmática, que considera que es a través de la apropiación de informaciones y del trabajo con la racionalidad, que se lograrán los cambios en posturas y formas de actuar. Durand *et al.* (2005), reflexionando sobre las dificultades de formación de profesores en Francia, sugieren que se deben al hecho de que existe una oposición entre lo que llaman "epistemología de los saberes" (relacionada al saber y al rigor científico) y "epistemología de acción" (volcada hacia la pertinencia profesional), que se refleja en la organización y administración de los institutos universitarios de formación de profesores. Señalan, incluso, que dichas dificultades podrían superarse a partir de un análisis del trabajo y, sobre todo, del desarrollo del trabajo en las cuestiones de formación e investigación.

"La epistemología de los saberes", según estos autores, preconiza una clara delimitación entre investigación y formación, así como la neutralidad de los investigadores con respecto al objeto de la investigación y sus eventuales aplicaciones. En ella predominan los criterios de objetividad, que afirman que primero es necesario comprender o explicar, para sólo después manejar las cuestiones relativas a la formación, o sea, las relacionadas con la enseñanza y con las prácticas pedagógicas. Por otro lado, la "epistemología de la acción" propone una asociación constante entre investigación y formación, de manera que se pueda responder a los diversos objetivos de estudio y a la constante transformación de las situaciones. Para que esto sea posible, es necesario que diferentes actores (vinculados a las escuelas y a las universidades) entren en interacción, articulando investigación y acción en estudios contextualizados, volcados hacia situaciones particulares, que serán objeto de intervención de la investigación. Tanto la primera epistemología como la segunda han recibido severas críticas. Con respecto a la "epistemología de los saberes", Durand *et al.* (2005) señalan como problemas principales:

> Los resultados inaplicables, por haberse obtenido en contextos distanciados de los problemas prácticos, investigaciones guiadas por teorías y cuestiones de investigación excesivamente abstractas; simplificación y esquematización de los contextos para satisfacer criterios de rigor metodológicos que terminaban siendo una concepción reductora de la realidad; enunciados muy generales, incapaces de abrazar la fineza y la especificidad de las situaciones locales, contradicciones entre las "implicaciones" o "recomendaciones" prácticas desarrolladas a partir de investigaciones realizadas en distintas disciplinas, etc. Además, no se tiene en cuenta el carácter universitario de estos trabajos y su reconocimiento por parte de la comunidad científica es poco discutido (p. 45).

En lo que se refiere a la "epistemología de la acción", aunque tanto sus enunciados como las proposiciones que surgen de los resultados de sus investigaciones tengan buena aceptación por parte de los profesores, debido a que se acercan a su realidad profesional, las críticas recaen sobre:

> la cientificidad de los enunciados (dificultades de generalizaciones, falta de control de las situaciones, imposibilitando aislar factores...) y el carácter limitado de las proposiciones que resultan de la investigación cuya validez es sólo local, contextualizada y que no hacen pronósticos. Las pretensiones científicas de esta epistemología llegan a ser refutadas, teniendo en cuenta que sólo se trata de formas variadas de análisis de prácticas o de innovaciones (p. 45-46).

Como queda claro, Durand *et al.* (2005) muestran que las dos epistemologías establecen una dicotomía entre saber y acción. Por otro lado, concluyen que es posible superar este problema, articulando, de una manera dinámica y rigurosa, los dos polos de dicha oposición. De hecho, esta tentativa la está llevando a cabo la escuela ergonómica francesa (Clot, 1999) y sus variantes, cuya meta es dar visibilidad al trabajo de los profesores y a las formas en las que se desarrolla, con el objetivo de comprender y transformar la actividad docente. La presente investigación estudia el trabajo docente a partir de algunos de los presupuestos elaborados por esta tradición, que se analizarán a continuación.

Las categorías teórico-metodológicas: una selección a partir de dos abordajes complementarios

Se ha construido una nueva forma de estudiar la actividad docente basada en la articulación entre dos propuestas: la teoría sociohistórica en psicología, desarrollada por Vygotsky, y la vertiente actual de la ergonomía francesa, tal como la propone Clot. Empezaremos por la primera de ellas, que tiene sus bases teóricas en el materialismo histórico-dialéctico, implicando una concepción de hombre como ser social, histórico, constituido en las relaciones sociales y constituyente de ellas. De esta propuesta teórica, se destacaron algunas categorías consideradas centrales que, por esta razón, se presentarán aquí brevemente.

La primera de ellas es la de mediación. Vygotsky, al estudiar los procesos de desarrollo, postula que ellos se dan en y por la interacción interpersonal, la que presupone una cultura y un tiempo determinados. Según él, las funciones psicológicas superiores surgieron y se ampliaron históricamente tanto en las agrupaciones humanas como en las personas involucradas en ellas. Por medio de dichas interacciones, el bebé humano se humaniza, adueñándose, a través de signos, de las formas de pensar, sentir y actuar propias de su cultura. La idea central aquí es la de mediación cultural, entendida como "una instancia que relaciona objetos, procesos o situaciones entre sí; [...] el concepto designará un elemento que viabiliza la realización de otro y que, aun siendo distinto a éste, garantiza su efectuación, concretándolo" (Severino, 2001, p. 44). La mediación, como categoría teórico-metodológica, es necesaria en la medida en que permite:

> romper con las dicotomías interno-externo, objetivo-subjetivo, significado-sentido, así como alejarnos de las visiones naturalizantes [...]. Por otro lado, nos permite un análisis de las determinaciones incluidas en un proceso dialéctico, por lo tanto, no causal, lineal e inmediato, pero en el que las determinaciones se entienden como elementos constitutivos del sujeto (Aguiar y Ozella, 2006, p. 225).

Por lo tanto, esta categoría es la que nos hace posible explicar / comprender cómo el hombre, a pesar de tener, al nacer, potencial para desarrollarse como ser humano, sólo se hará humano por medio de las relaciones sociales con otros hombres y con la cultura acumulada por las generaciones que lo precedieron.

La segunda categoría es la de la historia. Vygotsky señala dos significados para el término historia, uno general y otro restringido. En lo que se refiere al primero, historia significa un movimiento dialéctico de la realidad marcado por la relación parte-todo, por la unidad de los contrarios, por la distinción apariencia / esencia, refiriéndose al abordaje dialéctico general de las cosas, en el sentido de que cada una de ellas tiene su propia trayectoria o historia. En el sentido restringido, el término se entiende como un ordenamiento significativo de los hechos, implicando la presencia de cierto nivel de conciencia y de intencionalidad. En este punto, hay que destacar que fue el trabajo y la fabricación de los instrumentos lo que le permitieron al hombre crear las condiciones de su propia existencia. Al crear los instrumentos con los que actuará sobre la naturaleza, transformándola, creando las condiciones de su existencia, el hombre pasa a tener la posibilidad de asumir el control de su propia evolución, que también es su historia.

La tercera categoría es la de la actividad. A diferencia de la actividad animal, la actividad humana se constituye a través de innumerables mediaciones, siendo voluntaria, realizada junto a otros hombres y trasmitida a las futuras generaciones a través del proceso educativo. Es por medio de la actividad que el hombre transforma lo natural en social. Sin embargo, Leontiev (1978, p. 74) se pregunta: "¿Qué actividad es ésta, específicamente humana, a la que llamamos trabajo?". Basándose en Marx, el autor entiende el trabajo como "un proceso que conecta al hombre con la naturaleza, el proceso de acción del hombre sobre la naturaleza" (1978, p. 74), en el que el hombre, "al mismo tiempo que actúa [...] sobre la naturaleza exterior y la modifica, transforma también su propia naturaleza, desarrollando las facultades que están adormecidas en él" (1978, p. 201).

De esta manera, si la constitución de lo humano (o, dicho de otra forma, el proceso de humanización) se hace en y por la actividad, que involucra al pensamiento, al lenguaje y a las relaciones que ambos mantienen entre sí, es necesario retomar lo que Vygotsky entiende sobre este tema. Para este autor (2001, p. 398), "el significado de la palabra es la unidad que refleja, de la forma más simple, la unidad del pensamiento y del lenguaje", aunque estos dos procesos, aun manteniendo una relación de unidad, no coincidan entre sí.

Para entender al sujeto, por lo tanto, hay que comprender las mediaciones sociales que lo constituyen, intentando evitar un análisis centrado en la apariencia y en la inmediatez, buscando aprehender la esencia, el proceso social a través del cual el hombre se vuelve hombre, alcanzando, si es posible, lo no dicho, que no es otra cosa que el sentido. Estas dos categorías también deben ser elucidadas.

Sentido y significado, pese a ser categorías distintas, cada una presentando su singularidad, no se pueden entender separadas, puesto que uno no existe sin el otro. Según Vygotsky (2001), si el significado, en el campo semántico, corresponde a las relaciones que la palabra puede mantener con el / los referente(s) al representarlo(s), en el campo psicológico es una generalización, un concepto. Los significados son, por lo tanto, producciones históricas y sociales, que permiten la comunicación y la socialización de las experiencias. Aunque los significados sean más estables, también se transforman con el movimiento histórico. Significado y sentido constituyen la unidad contradictoria de lo simbólico y lo emocional. Para comprender mejor al sujeto, los significados componen el punto de partida, ya que al contener más de lo que aparentan, es posible, a través de su análisis e interpretación, caminar hacia las zonas más inestables, fluidas y profundas, es decir, para las zonas de sentido.

Por lo tanto, el sentido es mucho más amplio que el significado: es una articulación de los eventos psicológicos hecha por el sujeto frente a una realidad, produciéndolo el hombre socialmente mediado. De esta manera, el sentido se acerca más a la subjetividad, puesto que expresa con mayor precisión al sujeto, entendido como la unidad de todos los procesos cognitivos, afectivos y biológicos. Desde esta perspectiva adoptada, acción, pensamiento y afecto no se separan nunca: es sólo a través de esta unidad que se pueden explicar los motivos y las causas del pensamiento. Por eso, aun siendo difícil de comprender, es necesario acercarse a las zonas del sentido.

Las categorías de la ergonomía francesa actual comparten los presupuestos teóricos y metodológicos de la psicología sociohistórica, pero al intentar conocer el proceso de constitución del sujeto en y para la actividad, más allá de la apariencia, le agregan otras categorías, tales como: "real de la actividad", "actividad real", "género" y "estilo". La actividad, en la visión ahora discutida, no se constituye sólo de lo que se realiza, sino también de lo que no se pudo realizar. De ahí la importancia de estar atento, no sólo a las acciones realizadas y observadas, sino también a las que el sujeto pensó pero no realizó, teniendo en cuenta lo siguiente:

> Lo real de la actividad es también lo que no se hace, lo que no se puede hacer, lo que se intenta hacer sin lograrlo –los fracasos–, lo que se hubiera querido o podido hacer, lo que se piensa o lo que se sueña poder hacer en otro lugar. Es necesario agregarle a esto –lo que es una paradoja frecuente– lo que se hace para no hacer, lo que se debe hacer, o incluso lo que se hace sin querer hacerlo (Clot, 2006, p. 16).

El autor llama la atención sobre el hecho de que las acciones involucran pensamientos y reacciones, y al pretender comprender lo "real de la actividad", es necesario movilizar al sujeto para que revele lo que quiso hacer y no hizo, permaneciendo, por lo tanto, de alguna manera, reprimido. Para él, "las reacciones que no vencieron –y que fueron, ora más, ora menos, reprimidas– forman residuos incontrolables, cuya fuerza es suficiente para ejercer una influencia en la actividad del sujeto, pero contra las que puede quedar indefenso" (Clot, 2006, pp. 115-116). De esta forma, es necesario utilizar un método que instigue, en última instancia, al individuo investigado a revelar el sentido que le atribuye a la actividad que realiza. Las contribuciones de Clot (2006) ayudan a operacionalizar una forma de proceder que lleva a los sujetos de investigación a producir informaciones que por lo general no se analizan y que, sin embargo, parecen ser fundamentales para un análisis más profundo y dialéctico de los significados y sentidos que tiene la actividad para el que la ejecuta. Lo principal es que el sujeto hable sobre la actividad tal como es realizada y concebida, de modo que se pueda desvelar una paradoja poco reconocida. Es decir:

> Lo real de la actividad rebasa no sólo la tarea prescripta, sino también la propia actividad realizada. Pues, ese real de la actividad, es decir, lo que se revela posible, imposible o inesperado en el contacto con las realidades, no forma parte de las cosas que podemos observar directamente (Clot, 2006, p. 133).

Otra contribución de la ergonomía francesa al estudio de la actividad consiste en la diferenciación entre trabajo prescripto (que se denomina tarea) y trabajo real (que es lo que efectivamente se realiza de lo prescripto). Guérin (1997) muestra que los trabajadores, cuando se los cuestiona sobre su trabajo, tienden a apuntar hacia los resultados que se deben alcanzar, es decir, hablan de la tarea que se debe cumplir. Como bien muestra el autor, la tarea es sólo un resultado anticipado (p. 32), de modo que, de hecho, tienden a no hablar del trabajo que hacen, o sea, de lo que denominamos "actividad del profesor", sino de tarea. En este sentido, se puede decir que tarea es lo prescripto, lo impuesto. Como afirma Murta (2008, p. 51), la tarea "determina y coarta la actividad, pero al determinar la actividad del trabajador, la autoriza". Además, según la autora, "la distancia entre el trabajo prescripto y el trabajo real es la manifestación concreta de la contradicción siempre presente en el acto del trabajo". De ahí la importancia de un análisis que comprenda la concreción de esta realidad, o sea, lo que determina, coarta y autoriza la actividad.

Para establecer la diferencia entre la "actividad real" y lo "real de la actividad", buscando comprender al sujeto, se creó la categoría "género". Ella se refiere al campo simbólico que se interpone entre el sujeto y la actividad, en la condición de reglas escritas y no escritas, que enfrentan al trabajador a situaciones nuevas, muchas veces limitan su acción. El género, por lo tanto, tiene en cuenta tanto el arsenal de procedimientos y posturas construidas en un campo profesional en el transcurso del proceso socio-histórico y cultural, como las posibles mediaciones que convergen para la realización de la actividad. Estas reglas y posturas constituyen, de alguna manera, prescripciones que reflejan la tradición profesional del grupo al que pertenece el sujeto, evidenciando que la actividad siempre se mide por el género. De tal forma, el género es necesariamente social y nunca se presenta cristalizado: está en constante movimiento, puesto que sus reglas y posturas se construyen de modo continuo en y por la actividad. Por lo tanto, es el género el que define las fronteras móviles de lo que es aceptable e inaceptable en el trabajo, obligando al sujeto a enfrentar límites y superarlos de forma innovadora.

Cuando sucede esto, surge el estilo personal: la posibilidad individual de transformar lo prescripto por el género social, mediante los recursos disponibles para la realización de la actividad (Clot, 2006, p. 49). El autor afirma que el estilo personal está relacionado al sentido que tiene la actividad para el propio sujeto, mostrando la subjetividad del individuo y, tal como él, es constituido social e históricamente. También se refiere a cómo el trabajador se adueña del género, apropiándose de las reglas socialmente construidas por el grupo para transformarlas según sus particularidades propias. El estilo personal es una "forma" de hacer singular y, al mismo tiempo, social e histórico. Es él quien, de cierta forma, contribuye al movimiento continuo y constante de renovación y reconstrucción del género que, al ser interiorizado, colabora con la transformación del propio sujeto. Comprender el estilo es comprender el género, ya que uno constituye al otro. Para Clot, el análisis efectivo de la actividad realizada permite llegar a la comprensión de cuánto la mediación del género y del estilo personal constituyen la actividad del sujeto, alcanzando una comprensión más completa y profunda (más allá de la apariencia) de la actividad y avanzando en el proceso de descubrimiento de los sentidos constituidos por los trabajadores.

El método: sus etapas, instrumentos de obtención de informaciones y análisis

Los instrumentos por medio de los que se busca la información son centrales para poder obtener un conjunto de informaciones diversas, precisas y cuidadosas. El análisis de la actividad, como lo pretendemos aquí, requiere de una secuencia de etapas, en la que cada una involucre procedimientos de obtención de informaciones y de análisis diferentes. Se empieza por la búsqueda de la escuela en la que trabajan los sujetos de la investigación, indagando, en el caso de la primera etapa, para comprender su espacio y dinámica de funcionamiento, es decir, su contexto; en el caso de las dos siguientes, la meta es conocer sus historias de vida. Luego se analizarán las informaciones obtenidas, tratando de entender los sentidos y significados que los profesores atribuyen a su actividad docente en la escuela en la que actúan. La próxima etapa consiste en observar la rutina diaria del aula de los docentes seleccionados, comprendiendo su día a día, sus problemas y méritos. Después se filma a los profesores durante una de las actividades docentes, la principal, que es la clase, seleccionando algunos de los episodios considerados más relevantes, a la luz de lo que ya se conoce de los profesores y de la escuela. Este material lo analizarán en conjunto los sujetos, alcanzando así lo "real de la actividad". Estas etapas se explican mejor a continuación:

Etapa 1: establecer el contacto con la
escuela y con los profesores

Como el método prevé la filmación de la actividad de los sujetos (clases), hay que tener en cuenta la resistencia a aceptar participar en la investigación, tanto por parte de la escuela como por parte de los profesores. Debido a esto, es necesario realizar un trabajo de concientización sobre los posibles beneficios que la investigación puede proporcionarles a la institución y a la docencia. Este trabajo no suele ser fácil, y exige claridad por parte de los investigadores y "desarme" por parte de los profesores. Una vez que se alcanza la anuencia de la escuela y los profesores, se emplearán los siguientes procedimientos para recabar la información:

1. Historia de vida de la profesora: se le pide que cuente su historia de vida, resaltando, al narrar, cómo ve su actuación profesional, el papel de la escuela y de la educación, así como de qué manera entiende el proceso de enseñanza-aprendizaje y su preparación profesional para llevarlo a cabo. Al principio se le da libertad a la profesora, mientras el investigador sólo incentiva y estimula el relato. A medida que se mencionan los aspectos centrales de interés, el investigador, si lo estima necesario, debe pedirle aclaraciones. Al terminar el relato espontáneo de la profesora, si no se abordan algunos aspectos clave, el investigador debe retomarlos, en forma de entrevista, profundizando las situaciones consideradas importantes. Los encuentros siempre deben ser de lo más cordial y objetivo que sea posible.

2. Observación del espacio físico de la escuela: período durante el que los investigadores examinan los espacios de la escuela y analizan, con la ayuda de la secretaria, los datos que permitan comprender mejor a su cuerpo docente, su clientela y su dinámica de funcionamiento.

HACIA UNA PSICOLOGÍA SOCIAL DE LA EDUCACIÓN

227

3. Observación del aula, durante el tiempo que sea necesario para entender su rutina, rituales, la didáctica del profesor (cómo trata los asuntos escolares), las formas de interacción profesor-alumnos y alumnos entre sí, identificación de subgrupos, liderazgos positivos y negativos, dificultades pedagógicas, etc.

Una vez recabados estos datos, empieza el primer análisis de las informaciones obtenidas hasta el momento. Para hacerlo, se sistematizan los datos relativos a la escuela y, basándose en lo propuesto por Aguiar y Ozella (2006), comienza el análisis de la historia de vida de los profesores. Se transcriben y leen de forma meticulosa las cintas que contienen los relatos de los sujetos, para poder establecer cuáles son los preindicadores que darán origen a indicadores que, a su vez, permitirán la construcción de núcleos de significación. Para ello se listan los contenidos tratados por la profesora, agrupándolos por similitud, por complementariedad, por contraposición, por contradicción o por cualquier otro aspecto que lleve a una menor diversidad de asuntos.

De esta manera, se forman los preindicadores. A partir de ahí, los preindicadores también se reagrupan, siguiendo el mismo criterio utilizado antes. Los indicadores resultan de la fusión de los preindicadores, tomando del material recabado los trechos que eluciden mejor la formación y nominación de los Núcleos de Significación, que articulan los varios y diferentes indicadores. Se empieza por interrelacionar los indicadores contenidos en cada núcleo encontrado y se sigue hasta obtener una articulación entre ellos. Se les presta una atención especial a las contradicciones encontradas en lo que dicen los profesores, ya que sólo es posible comprender los movimientos que hace el sujeto a través de ellas.

Etapa 2: realizar las filmaciones

Esta etapa comienza inmediatamente después de que termina el análisis de los datos recabados hasta entonces. Los investigadores ya tienen que estar familiarizados con la rutina escolar y ser considerados prácticamente como parte de la escuela. En este momento, comienzan las filmaciones de las clases, dándole prioridad a la interacción con los alumnos en torno a los conocimientos escolares y no escolares. Pese a la timidez general demostrada los primeros días de observación, de a poco, tanto los profesores como los alumnos se acostumbran a la presencia de los investigadores en el aula y a la filmadora. En poco tiempo, esta última es considerada como un mueble o un utensilio más, como parte del paisaje. En general, si es posible, se recomienda el uso de dos filmadoras: una fija y una móvil. El paso siguiente es ver las cintas y seleccionar los episodios considerados más relevantes para conocer la actividad real del profesor. La descripción que se hace a continuación debe orientar sobre cómo se hace la selección de los episodios (trechos de la actividad "clase", con principio, medio y fin), basándose en los siguientes criterios:

- evidenciar diferencia y/o contradicción entre, por un lado, la actividad prescripta, y por otro, la actividad real (tal como muestra la cinta) y la historia de vida;
- incidir en una situación que podría conducirse, de acuerdo al investigador, de formas diferentes, dentro de lo prescripto;
- contraponer lo que la profesora hizo a cómo lo hubiera hecho la investigadora, discutiendo los pros y los contras de cada propuesta.

De esta manera, en las filmaciones se buscan las actividades que aparecieron con frecuencia como contradictorias, las que podrían haberse realizado de otro modo, e incluso las que no deberían haberse realizado, de acuerdo a lo prescripto (por ejemplo, aprovechar el tiempo dedicado a la enseñanza para mimeografiar pruebas de otras profesoras a título de cortesía o mediante remuneración), lo que implica verlas innumerables veces. Cada episodio seleccionado puede ser de un mismo día o de días diferentes, siempre que permita un análisis más profundo de los aspectos considerados centrales y amplíe, como consecuencia, la posibilidad de responder a los objetivos del estudio. La duración de cada episodio también puede variar mucho, pero no debe rebasar los 15 minutos, para que el análisis no se vuelva extremadamente cansador. Un aspecto importante que hay que recordar es que en ocasión del informe de la investigación, habrá que transcribir los episodios, asegurándoles sigilo a los involucrados. De esta manera, hay que informarle al lector sobre el contexto del que fue tomado el episodio (clase de idioma portugués, por ejemplo), sobre lo que trata el episodio (su objetivo), su duración y dónde tuvo lugar (en la biblioteca, en el patio, en el aula, etc.).

Etapa 3: hacer las autoconfrontaciones simple y cruzada
Aquí empieza la observación de los episodios seleccionados. Esta etapa tiene cuatro momentos centrales:
1. La autoobservación, situación en la que los sujetos se observan actuando en el video y establecen un diálogo interno con sus múltiples interlocutores, o sea, consigo mismos, con su visión de la tarea, con la actividad que efectivamente realizaron.
2. La autoconfrontación simple, situación en la que los sujetos les describen a los investigadores lo que ven en el video, es decir, los episodios. Al actuar así, el profesor cambia de situación, pasando de "observado" a "observador", puesto que sus comentarios derivan de las interpretaciones y cuestiones analizadas a través de la autoobservación. La actividad, antes esencialmente

intrapsicológica, se vuelve interpsicológica: lo vivido, al ser revivido en una situación nueva, adquiere un lugar nuevo en la actividad del trabajador. De esta manera, de objeto de la actividad, lo vivido ayuda a pensarla, y en ese movimiento se transforma. Al comentar la actividad, lo que el profesor vivió tiende a exteriorizarse y se revela como todavía presente, mediante otra configuración: lo vivido no es sólo lo que se pudo hacer o alcanzar; es también lo que no se hizo ni se alcanzó, e incluso, lo que podría haberse hecho pero no se hizo. De hecho, el profesor realiza consideraciones sobre su actividad, observándola, analizándola y revelando las diferencias entre lo que quería hacer, lo que hizo efectivamente y lo que podría haber hecho.

3. Él puede organizar lo que vivió en y por la actividad, concientizándose de sus posibilidades y límites. Además, al analizar su actividad, el trabajador produce un tipo de información sumamente rica que, para analizarla en su complejidad, requiere que el investigador establezca categorías de análisis, para avanzar en dirección a las zonas de sentido constituidas sobre la actividad, comprendiéndolas.

4. La autoconfrontación cruzada, cuando un especialista o compañero de trabajo, que desempeña la misma actividad, mira el mismo video en presencia del investigador y del profesor. Aquí se da una alteración del destinatario, que puede modificar el análisis: la palabra del profesor no se dirige exclusivamente al objeto del análisis, es decir, a la actividad realizada: hace también consideraciones sobre sí mismo, como sujeto de la actividad. La autoconfrontación cruzada tiene lugar cuando "se retoma el análisis en común de la misma grabación en video con otro especialista del dominio (campo), un compañero de trabajo con el mismo nivel de especialización, por ejemplo" (Clot,

2006, p. 135). Los comentarios hechos por el colega se vuelcan hacia diferentes interlocutores (trabajador e investigador) y varían dependiendo de quién es el destinatario. De hecho, aquí, el lenguaje se emplea como una herramienta para llevar al otro a pensar, a sentir y a actuar según la perspectiva de quien lo emplea.

La conversación final que tiene lugar después de la aplicación de los instrumentos tiene el objetivo de saber cómo los profesores evaluaron su propia participación en la investigación, y para poder complementar y/o aclarar, si fuera necesario, las informaciones obtenidas antes, se concreta una última entrevista con los profesores.

El análisis: el trabajo de articular todas las informaciones obtenidas en el transcurso de la investigación, explicándolas a la luz del referencial teórico adoptado

Entender la actividad, de hecho, es comprender las formas de sentir, pensar y actuar de los sujetos que la ejecutan. En realidad, estos son los aspectos en los que se debe concentrar el análisis final. Para ello, es necesario verificar cómo los profesores van tomando conciencia de sus límites y posibilidades al observar y discutir la actividad realizada. Pero no se trata sólo de esto. Nuestros trabajos han señalado que, tal como afirmaba Vygotsky, sin entender los aspectos volitivos de la actividad, todo análisis es parcial e incompleto. Para ello, es necesario articular el primer análisis parcial –el de los núcleos de significación– a los resultados obtenidos en las autoconfrontaciones.

Además, para entender la actividad, es necesario realizar el esfuerzo de integrar todos los datos analizados antes, es decir, comprender la actividad docente como una actividad realizada por un profesor específico, con una historia de vida singular, que lo hace atribuirle sentidos y significados específicos a lo que realiza con sus alumnos, en cierto contexto escolar de una determinada sociedad, en un determinado tiempo. De esta manera, la actividad docente, al ser iluminada por las categorías vygotskyanas de análisis y las de la ergonomía francesa contemporánea, se puede entender como producto y productora de condiciones sociales, culturales y escolares de cierto tiempo y lugar. En suma, la actividad se constituye por la mediación del género y del estilo personal, lo que permite comprender más allá de su apariencia, avanzando en el proceso de revelación de los sentidos constituidos por los profesores sobre su oficio.

El método: un balance final

La principal desventaja del método propuesto radica en el miedo y la desconfianza de ser filmados que sienten los docentes. Por un lado, es un hecho, a nadie le gusta sentirse observado, y mucho menos en una situación en la que se puede evaluar su papel profesional. Por eso, emplear este método implica contar con un trabajo de campo relativamente extenso, considerando que exige un esfuerzo para superar los recelos que presentan los docentes al principio, los que se encuentran firmemente arraigados. Otra desventaja de este método es que no lo pueden utilizar investigadores principiantes, sin la debida supervisión, teniendo en cuenta los innumerables procedimientos involucrados y la complejidad del análisis que se realizará a partir de las informaciones obtenidas. Los investigadores con más experiencia están, por lo general, más preparados para manejar categorías del método materialista-histórico-dialéctico que, habitualmente, no se trabaja durante la capacitación en investigación que se ofrece en las universidades brasileñas.

Por otro lado, este mismo método presenta innumerables ventajas. La más obvia es que permite la integración de dos dimensiones que han sido tratadas en forma aislada –la del saber y la de la acción– en lo que se refiere a la actividad docente y a la formación de plantillas para el magisterio. A nuestro entender, este método permite que se vaya modificando, de un modo paulatino, el foco de su análisis: la actividad pasa a un segundo plano, cediéndole el lugar al sujeto de la actividad. Al mismo tiempo, al conocer mejor al sujeto, se comprenden también sus motivos y necesidades, dando una perspectiva más amplia a los modos de sentir, de pensar y de actuar de cada uno. La actividad docente misma gana sentidos y significados hasta entonces ocultos y/o poco analizados, en la medida en que sus efectos involuntarios logran ser mejor previstos por los participantes, integrando el universo de los posibles.

Se pasa del género al estilo y del estilo al género, en la medida en que va siendo posible comprender, a lo largo de la investigación –desde la observación de la escuela hasta las autoconfrontaciones– el movimiento de la profesora: de la observación a la discusión y reflexión sobre su actividad; de la reflexión y de la interlocución al perfeccionamiento, la sustitución y/o la transformación de la actividad docente y viceversa.

Se debe notar que el abordaje propuesto no fortalece a un profesor en particular, sino al conjunto de los docentes, ya que es justamente suyo el papel central de almacenar, formar y transformar los repertorios de acción de sus miembros, mediante la elaboración de otros estilos, que se van develando en y por la observación, en y por la reflexión acerca de la actividad docente. El material recabado, con los debidos cuidados éticos (transformado, por ejemplo, en simulaciones computarizadas), puede ser utilizado en cursos de formación inicial o continua, permitiéndoles a los profesores aprender viendo actividades reales, desempeñadas por un profesor real, en un aula real. Podrán, incluso, sacar provecho de la discusión entablada entre el profesor, el investigador y su colega, entrando en contacto con diferentes miradas / visiones que pueden ayudar en el análisis de sus actividades docentes.

Además, existiendo identificación o repudio a las formas de pensar, sentir y actuar de sus colegas, la actividad docente gana concreción, dejando de ser algo abstracto y discutido esencialmente en el plano teórico. Con esto, es posible proporcionarles a los docentes una visión de cómo la teoría y la práctica pedagógica se alimentan de un modo recíproco, una perfeccionando a la otra.

Referencias

Aguiar, M. J. y Ozella, S. (2006), "Núcleos de signifcação como instrumento para a apreensão da constituição dos sentidos", *Revista Psicologia, Ciência e Profissão*, 26, 2, pp. 223-244.

Brando, M. F. (1999), *La fonction psychologique du travail*, París, PUF, Coletãnea de textis: Psicologia do trabalho, Ciclo CEAP, Belo Horizonte.

Clot, Y. (1999), *La fonction psychologique du travail*, París, PUF, Coletãnea de textos: Psicologia do trabalho, Ciclo CEAP, Belo Horizonte.

Clot, Y. (2006), *A função psicológica do trabalho*, traducción de Adail Sobrai, Petrópolis, Vozes.

Durand, M. *et al.* (2005), "Relaçôes fecundas entre pesquisa e formação docente: elementos para um programa", *Cadernos de Pesquisa*, 35, 125, pp. 37-62.

Freitas, H. C. L. (2002), "Formação de professores no Brasil: 10 años de embate entre projetos de formação", *Educação e Sociedade*, 23, 80, pp. 136-167.

Gatti, B. A. A. (2003), "Formação continuada de professores: a questão psicossocial", *Cadernos de Pesquisa*, 119, pp. 191-204.

Guèrin, F. *et al.* (1997), *Comprendre le travail pour le transformer: la pratique de l'ergonomie*, París, L'ANACT.

Leontiev, A. N. (1978), *O Desenvolvimento do psiquismo*, traducción de Manuel D. Duarte, Lisboa, Horizonte Universitário.

Libaneo, J. C. (2003), *Adeus professor, adeus professora? Novas exigências profissionais e profissão docente*, San Pablo, Cortez.

Mello, G. N. (2000), "Formação inicial de professores para a educação básica: uma (re)visão radical", *Cadernos Posgrado*, 1, pp. 3-22.

Murta, A. M. G. (2008), *Da atividades prescrita ao real da atividade: análise da atividade docente em uma escola regular, sob a perspectiva da Psicologia Sócio-Histórica e da Clinica da Atividade*, Tese de Doutorado (Psicologia da educacão), San Pablo.

Nóvoa, A. (1998), "Profesionalización de docentes y ciencias de la educación", *Educación y Pedagogía*, 9-10, 19-20, pp. 251-286.

Oliveira, D. A. (2004), "A reestruturação do trabalho docente: precarização e flexibilização", *Educação e Sociedade*, 25, 89, pp. 1127-1144.

Roger, J. L. (2007), *Refaire son metiérs : essays de la clinique de l'activité*, Ramonville Sant-Agne, Ed. Érès.

Santo, L. L. de C. P. (2004), "Formação de professores na cultura do desempenho", *Educação e Sociedade*, 25, 89, pp. 1145-1158.

Severino, A. J. (2001), *Educação, sujeito e história*, San Pablo, Olho' Água.

Talavera, M. del C. F. (2004), "De la formación a la práctica docente: un estudio de los procesos de transferencia de los profesores", *Revista Latino Americana de Estudios Educativos*, 34, 3.

Vygotsky, L. S. (2001), *A contrução do pensamento e da linguagem*, San Pablo, Martins Fontes.

Nota: Algunos tramos con referencia al papel de la escuela se extrajeron de artículos ya publicados por las autoras: en la Revista Educación (editora Segmento, octubre, 2010).

www.ingramcontent.com/pod-product-compliance
Lightning Source LLC
Chambersburg PA
CBHW020702270326
41928CB00005B/226